Indien

Klassische Reiseziele

Agra und Fathpur Sikri mit dem Taj Mahal

Laxman Prasad Mishra

Atlantis

Ins Deutsche übertragen von
Heli Tortora und Dr. Mehr-Ali Newid

Redaktion
Dr. Dieter Struss

Titel der Originalausgabe
Agra e Fatehpur Sikri

Herausgeber der Reihe
Silvio Locatelli und Marcella Boroli

Lizenzausgabe 1989 für
Manfred Pawlak Verlagsgesellschaft mbH, Herrsching

Printed in Italy, New Interlitho S. p. a. – Trezzano
ISBN 3-88199-573-0

Das Siegel der Moguln

Auch wenn die Überlieferung die Entstehung Agras bereits in die Zeit des »Mahābhārata«-Epos zurückführt, in dem die Stadt unter dem Namen Agravana erwähnt und als blühende, volkreiche Metropole beschrieben wird, berichtet die Geschichtsschreibung erstmals um das 11. Jahrhundert von Agra, im Zusammenhang mit seiner Eroberung durch Mahmūd von Ghaznī. Zu jenen Zeiten bestand die Bevölkerung aus Angehörigen der Rājputen, die Stadt selbst war ein wichtiges Handels- und Verwaltungszentrum und zog zahlreiche Eroberer an – Ghaznawiden, Tughluqiden und Sayyiden, die im Laufe von dreihundert Jahren die Stadt immer wieder überfielen, ausplünderten und verließen, ohne Spuren nennenswerter Kunstwerke oder Bauten zu hinterlassen. Der erste Eroberer, der nach der Einnahme der Stadt auch ihre strategisch vorteilhafte Position erkannte, war Sikandar Lodi. Er machte sie 1504 zu seiner Hauptstadt und gründete, nicht weit entfernt, eine weitere Ansiedlung, der er seinen Namen gab – Sikandra – und die heute wegen ihrer herrlichen Mausoleen berühmt ist. Aufstieg, Glanzzeit und Niedergang der Stadt Agra jedoch sind eng mit der Geschichte der Moguln und dem Schicksal ihres Reichs verbunden. Über zwei Jahrhunderte lang entwikkelten und perfektionierten sie einen unverkennbaren Stil, der sich in jedem Kunst- und Kulturbereich äußerte, vom eindruckvollsten Denkmal bis zum bescheidensten Gegenstand des täglichen Lebens, und durch den eine ursprünglich fremde Kultur zum redin indischen Phänomen wurde. Alle Kaiser dieser Dynastie waren auf eine bestimmte Weise Romantiker und Idealisten, auf der Suche nach dem Ausdruck, der geeignet war, ihre Utopien zu sublimieren oder ihre Macht und Größe zu verewigen. In ihren Adern floß das Blut Timurs und Dschinghis Khans, aber die Barbarei ihrer Vorfahren wurde durch die großmütige und sanfte Kultur Indiens gemäßigt und kam nur selten wieder zum Ausbruch, ohne jemals ihre Liebe zum Schönen und Großartigen zu beeinträchtigen.

Das Schicksal Agras

Bābur (Regierungszeit 1526–1530), der Begründer der Dynastie, war ein kleiner Herrscher aus Zentralasien. Aus seinem heimatlichen Ferghāna nach Hindustan gekommen, gründete er durch eine Reihe von blitzartigen Angriffen und erfolgreichen Feldzügen ein Reich, das sich von Afghanistan bis an die Grenzen Bengalens erstreckte. Nach der entscheidenen Schlacht bei Pānīpat (1526), die im Mai, dem heißesten Monat des Jahres, stattgefunden hatte, ließ er sich in Agra nieder, und vielleicht ist gerade die Abneigung des Herrschers gegenüber dem heißen und trockenen Klima der Ebene der Grund für den einzigartigen kulturellen Aufstieg der Stadt. Er hatte noch die Gärten und Obsthaine Samarkands im Sinn und die grünen Felder Kabuls, und das kahle Land um Agra erfüllte ihn, wie er in seinen »Erinnerungen« berichtet, »mit Widerwillen und Abneigung«. Er machte sich also daran, sein Exil – denn als solches betrachtete er seinen Aufenthalt – so angenehm wie möglich zu gestalten; er leitete die Fluten des wasserreichen Yamunā-Flusses in Kanälen über weite, trockene Gebiete, legte zahlreiche Gärten im Stil der islamischen Tradition an, versah sie mit Bäumen, Pavillons, Brunnen, Wasserspielen. Ein einziger dieser Gärten ist in *Rambāgh* bis auf den heutigen Tag erhalten, genug, um den unbestreitbaren Geschmack und die ausgezeichneten Kenntnisse des Monarchen im Wasserbau zu belegen.

Nach Bābur werden den kaiserlichen Architekten bei der Ausführung der Baupläne stets auch Gartenbauer und Wasserbautechniker zur Seite gestellt, so daß die Bauwerke der

Moguln immer von Gärten umgeben sind, in denen Wasserspiele ein grundlegendes, schmückendes Element darstellen. Nicht alle Nachfolger Bāburs hegten das gleiche Interesse für Agra: sein Sohn Humāyūn (1530–1556) zog Delhi vor, Jahāngīr (1605–1627) widmete sich vornehmlich dem Wein und dem Opium und überließ seiner klugen Frau Nūr Jahān die Regierungsgeschäfte, während der ehrgeizige Aurangzēb (1658–1707) die Stadt vernachlässigte, um seinem Traum von der Eroberung Dekkhans nachzujagen. Aber Akbar (1556–1605), der aufgeklärteste Herrscher in Indien seit Aśoka, und Jahān (1627–1658) machten alle Versäumnisse wett; durch sie wurde Agra die unvergleichliche Stadt der Gärten und das Mekka der Kunst in ganz Hindustan.

Der Niedergang Agras vollzog sich ebenso schnell wie sein Aufstieg. Nach dem Tode Aurangzēbs zerfiel das Riesenreich der Moguln. Nādir Shāh kam aus Persien und plünderte Delhi (1739), wobei er den »Pfauenthron« und den Diamanten Koh-i-noor als Kriegsbeute mitnahm. Neun mal wurde Agra vom afghanischen König Ahmad Shāh Abdālī eingenommen und geplündert; nach ihm kamen die Heerscharen der Rājputen und Marāthen (letztere aus dem Dekkhan), sie zerstörten die Stadt und raubten alles, was die Gebäude an Wertvollem enthielten. Und wenn sie etwas übrigließen, so wurde das von den englischen Truppen Lord Lakes mitgenommen, die die Stadt im Jahr 1803 besetzten.

Die Rote Festung (*Lāl Qila*)

Die Grundmauern der Zitadelle von Agra sind sehr alt. Erste Hinweise auf eine Befestigung aus der Zeit vor den Moguln gibt es bereits im 11. Jahrhundert, als der die Burg verteidigende Rájput-Fürst lange Zeit dem Belagerer Mahmūd Shāh widerstand, und dieser eine Übergabe nicht annehmen wollte, um das »Vergnügen zu haben, eine jungfräuliche und in jeder Hinsicht uneinnehmbare Festung zu erobern«. Bereits zu jener Zeit mußte die mächtige Burg einige Jahrhunderte alt sein und sicherlich war sie nicht aus vergänglichem Material gebaut, denn ihre mächtigen Wehrtürme mußten eine dicht bevölkerte Stadt verteidigen, die wegen ihrer einträglichen Handelsgeschäfte weithin bekannt war. Trtozdem befahl Akbar, als er Agra zur Hauptstadt seines Reiches erkor, die Mauern zu schleifen, um sie in rotem Sandstein neu zu errichten und innerhalb der Mauern zahlreiche Paläste, Pavillone und gärten zu seinem eigenen Gebrauch. Der Grundriß der Festung zeigt die Form eines unregelmäßigen Halbkreises, der Durchmesser verläuft parallel zum Fluß Yamunā, der einst die Mauern umspülte. Von den vier großen Toren – dem Haupttor oder Delhi-Tor, dem privaten *Jāl Darwāza*, das zum Fluß führt und von den Frauen des Harems benützt wurde, um unbehelligt durch indiskrete Blicke ins Freie zu gelangen, dem *Darshani-Tor*, durch das der Herrscher schritt, um die aufgehende Sonne zu begrüßen und sich seinen Untertanen zu zeigen, und dem *Amar Singh*-Tor – ist nur das zuletzt genannte den Touristen heute noch zugänglich. Die Zitadelle ist von zwei Mauern umfriedet; ihnen ist jeweils ein tiefer Festungsgraben vorgelegt, der bei einer Belagerung mit Wasser aus dem Yamunā geflutet wurde.

Somit befand sich der Feind, auch wenn er die ersten äußeren Hindernisse überwunden hatte, vor einer erneuten, weit gefährlicheren Sperre, denn in dem schmalen Raum zwischen Mauer und Graben war er den kaiserlichen Bogenschützen erbarmungslos ausgeliefert. Der Geschichtsschreiber Abul Fazl berichtet leicht übertreibend, daß die Befestigungsanlagen zu Zeiten Akbars »fünfhundert Steinhäuser im Stile Gujarāts und Bengalens«

enthielten. Fast alle Bauten sind verschwunden, abgetragen zum größten Teil von Shāh Jahān, um Platz für dessen Marmorpaläste zu schaffen. Neben den Mauern sind von Akbars Festung aus rotem Sandstein nur noch das großartige Delhi-Tor erhalten, der Jahāngīri Mahal oder Palast des Jahāngīr und der verfallene Akbari Mahal. Der architektonische Aufbau des Delhi-Tores, das heute geschlossen ist, da es militärische Geräte beherbergt, ist denkbar einfach. Den Eingangstrakt des Tores flankieren zwei oktogonale, zinnenbewehrte Türme, die auf halber Höhe einen umlaufenden Balkon mit Bogenöffnungen aufweisen. Den oberen Abschluß eines jeden Turmes bilden die Kuppeldächer zweier Kioske (*Chatri*). Die Innenseite des Tores ist feiner ausgearbeitet: eine weiträumige Terrasse mit auskragender Balustrade liegt vor einem zweigeschossigen Pavillon, der in einem mit Säulenbalken geschmückten Laubengang endet. Das zweite, dem Zerstörungsdrang Shāh Jahāns entgangene Bauwerk, der Jahāngīri Mahal, stellt eines der ersten Beispiele für die Verschmelzung indo-islamischer Kunst dar. Die Gestaltung des Äußeren mit den dekorativen Keramikfliesen, den *Mihrāb*-Motiven (Nischenmotive) und der breiten, von Erkern flankierten *Īwān*-Halle des Eingangs (Portalvorbau mit hoher Spitzbogenöffnung) sind reinste maurische Tradition, während der Innenausbau vorherrschend von hinuistischer Ornamentik beherrscht wird, die stark an die Holzschnitzereien von Gujarāt erinnert. Dem Haupteingang ist ein weiträumiger, mit Rasen bewachsener Platz vorgelagert, in dessen Mitte ein großes, aus einem einzigen Porphyr-Block gehauenes Becken steht – ein Geschenk Jahāngīrs an seine Frau Nūr Jahān –, das der Legende nach von den Helden des »Mahābhā rata«-Epos benützt wurde, um das berauschende Getränk *Bhang* darin zu mischen. Eine weitere Eigenart der Bauwerke Akbars stellen die sogenannten *Fasighar* dar, die »Bestrafungszellen«: ein wahres unterirdisches Labyrinth von Räumen und Gängen mit Zugang zum Fluß und den Festungsgräben, deren Funktion bis heute ein Geheimnis geblieben ist.

Nach einer kurzen Zeitspanne, in der Akbar seinen Sitz nach Fathpūr Sīkrī verlegte und Jahāngīr sich hauptsächlich dem Wein und der Malerei widmete, erlangte Agra unter Shāh Jahāhn seine vorherrschende Bedeutung wieder. Die einschneidende Veränderung in der neuen, an überschwenglicher Fülle reichen Architektur war die Verdrängung des Sandsteins und des Granits aus der Akbar-Zeit durch den weißen Marmor von Makrana, den der neue Herrscher bevorzugte. Unter seiner Herrschaft lehnte sich die Mogul-Architektur wieder stärker an Elemente persischer Linienführung an, verlor dabei jedoch viel von ihrer männlichen Kraft und der reichen Kreativität der Akbar-Periode. Die Bauwerke Shāh Jahā ns sind mehr kostbar als kraftvoll, mehr anmutig als mächtig, von einer fast weiblichen Leichtigkeit, die geschwungene Linien und floralen Dekor bevorzugt, mit Zwiebelkuppeln, mehrfach gelappten Bogen und, insgesamt betrachtet, eher geringeren Ausmaßen.

Zuerst wurde noch in der Sandstein-Tradition der Dīwān-i-Ām errichtet, der Pavillon für die feierlichen Empfänge, und bald danach der Dīwān-i-Khās, der Pavillon für die privaten Audienzen, beide im Aufbau einander sehr ähnlich mit einem offenen Säulengang auf drei Seiten und der durch den Thronsaal geschlossenen Rückseite. Südlich davon befanden sich die eleganten Wohnbauten für den Herrscher und seine Familie, allgemein bekannt unter der Bezeichnung Khās Mahal, die einen weitläufigen, in geometrischem Muster angelegten Garten umschlossen, den *Angūrī Bāgh* (Weingarten). Der Hauptkomplex des Khās Mahal blickt auf die über dem Yamunā-Fluß sich erhebenden Schutzwälle und besteht aus drei kleinen, miteinander verbundenen Gebäuden aus weißem und außergewöhnlich transparentem Marmor. Das mittlere Gebäude, dessen Dach in der Glanzzeit der Mogul-Kaiser mit vergoldeten Ziegeln gedeckt war, ist im Aufbau den Audienzpavillons ähnlich. Die seitlichen Bauten, zwei eher kleine Räume, in deren Wände zahlreiche winzige Nischen angebracht sind, wurden mit dem mittleren Bau durch einen kurzen, offenen Portikus verbunden, von dessen Dach man einen unvergleichlichen Blick über den Fluß und die umgebende Ebene genießen kann. Die um den Garten errichteten kaiserlichen Wohngebäude sind aus Sandstein, alle Bogen und Fenster öffnen sich zum Garten. Ein viereckiger Brunnen aus Marmor, vollkommen ohne jede Verzierung, steht genau im Schnittpunkt der vier Wege, die den Garten in vier Vierecke teilen, getreu den Geboten des für die Mogultradition typischen *chahār-Bāgh,* des viergefelderten Gartens. Direkt neben dem nördlichen Pavillon des Khās Mahal erhebt sich der achteckige «Jasminturm« (Saman oder mosamman Burj), den Shāh Jahān für seine über alles geliebte Frau Mumtāz Mahal errichtete.

Der oktogonale, ganz in Marmor gehaltene Bau steht auf einem massiven Wachturm der Umfriedungsmauer und stellt mit seinem vielfarbigen Marmor und der Pietradura-Ornamentik ein Meisterwerk floraler Intarsienkunst dar. Der Überlieferung nach starb Shāh Jahāhn in diesem Turm, als Gefangener seines Sohnes, des Usurpators Aurangzēb; im Tode noch blickte er zum nahen Mausoleum seiner verstorbenen Frau, dem unvergleichlichen Tāj Mahal. Zum Komplex der kaiserlichen Wohngebäude gehört auch ein einzigartiges Bauwerk, der Palast der Spiegel (Shish Mahal), ein weiteres Beispiel für die unglaubliche Vielseitigkeit der Mogul-Architekten. Das Gebäude besteht aus zwei als Bäder dienenden Räumen, die durch einen Gang miteinander verbunden sind, dessen einzige Lichtquelle der Eingang darstellt. Zwei durch einen Kanal miteinander verbundene Becken stehen in der Mitte eines jeden Raumes; der Boden wies ursprünglich ein Fischmosaik auf und war ständig von einer dünnen Schicht strömenden Wassers bedeckt. Die dicken Mauern bewahren die kühle Temperatur des Innenraumes vor der Hitze draußen, nur einige schmale Öffnungen sorgen für einen schwachen Luftstrom. Die einzig mögliche Art, die Räume zu erhellen, war eine künstliche Beleuchtung, die mit Hilfe einer ganzen Reihe kleiner Laternen erreicht wurde. Diese Laternen waren höchst geschickt in eigens dafür vorgesehenen Nischen angebracht, so daß sich jede kleinste Flamme, ein vielfarbiges Feuerwerk versprühend, im Mosaik der tausend Spiegel brach, mit denen die Räume ausgekleidet waren. Auch hier wieder ein Beweis für die genußfreudige Lebenseinstellung der Zeit.

Von ganz anderer Art, etwas isoliert und erhöht gegenüber den anderen Bauwerken, steht auf einem Unterbau aus Sandstein eine der schönsten Moscheen Mogul-Indiens: die Perlmoschee (Motī Masjid). In ihren Innenhof (*Sahn*) gelangt man durch drei Portale, die sich im Zentrum der mit einem Arkadenumgang versehenen, innen ganz mit Marmor ausgekleideten Mauer öffnen. Beeindruckend ist der Anblick des Hofes, der sich in seinem hellen Glanz strahlend von den umgebenden roten Sandsteinmauern abhebt. Wie die gleichnamige Moschee in Delhi liefert auch die Motī Masjid von Agra ein deutliches Beispiel für die religiöse Architektur der Timuriden. Vollkommen in der Linienführung, elementar in der Ausstattung, machen die perfekten Proportionen und der Perlmuttschimmer ihres Marmors jeden weiteren Zierrat überflüssig. Die Festung von Agra beherbergt noch eine weitere Kostbarkeit: die Nagina Masjid, die kleine Juwelenmoschee, die Shāh Jahāhn für sich persönlich erbaute.

Ein einzigartiges Denkmal steht neben dem Tor von Amar Singh: ein steinernes, vollkommen aufgezäumtes Pferd. Es ist zum Gedenken an das Streitroß des Rājput Amar Singh Rathaur errichtet, das seinem Herrn die Flucht aus der Festung durch einen Sprung über den Festungsgraben ermöglichte; ein fast unglaubliches Unterfangen, welches das brave Tier wahrscheinlich mit dem Leben bezahlte, jedoch nicht ehe es seinen Herrn sicher bis nach Sikandra getragen hatte, wo ein zweites Standbild von seinem Tod berichtet.

Die Mausoleen

Wie das Christentum gebietet auch der Islam seinen Gläubigen die Toten zu begraben, damit sie sich am Tage der Auferstehung erheben können, um von Allah gerichtet zu werden. Die Toten müssen mit dem Gesicht nach Mekka ins Grab gelegt werden und nur Erde und ungebrannte Ziegel dürfen zum Bedecken verwendet werden. Man könnte also annehmen, daß die herrlichen islamischen Mausoleen in Indien alle in Verletzung dieses Gebotes erbaut wurden. Tatsächlich beachtete man das Gebot zumindest teilweise, indem die Mausoleen ausschließlich zum Gedenken an den Verstorbenen und als Huldigung an den Besucher errichtet wurden und man den Leichnam selbst meist in einem abgelegenen, geheim gehaltenen Raum des Mausoleums bestattete.

Das einzigartige Mausoleum Akbars, Ausdruck seiner Toleranz im Bereich der Religion und der Kunst, befindet sich in Sikandra, fünf Kilometer von Agra entfernt, wo es noch andere Grabdenkmäler gibt, deren Architektur weniger ungewöhnlich, aber auch weniger rätselhaft ist. Der Kaiser hatte noch zu Lebzeiten den Auftrag zum Bau seines Grabdenkmals gegeben und war damit den Gepflogenheiten seiner Tataren-Vorfahren gefolgt. Aber der Tod überraschte ihn im Jahr 1605, als erst das untere Stockwerk des Komplexes beendet war. Sein John Jahāngīr vollendete das Mausoleum nach den Wünschen des Vaters und ließ dabei die Teile wieder einreißen, die seiner Meinung nach die Architekten gegen den ursprünglichen Plan errichtet hatten. Daß Jahāngīr den Bauplan des Vaters abändern wollte, wie vielfach behauptet wird, scheint wenig wahrscheinlich, auch wenn die Teile mit dem stärksten islamischen Einschlag, wie die Torbauten und einige Verzierungen, sicher auf seine Veranlassung hin entstanden sind. Im übrigen wurden sogar die reichlich ungewöhnlichen Inschriften respektiert, die der Kaiser gewünscht hatte, nachdem er sich zur »göttlichen Religion«, *Dīn-i-Ilāhī,* bekehrt hatte, einer indo-islamischen, monotheistischen Religion seiner Erfindung, zu der sich außer ihm nicht mehr als fünfundzwanzig Höflinge bekannten und die mit ihm starb. Der Haupteingang, von deutlich islamischem Aufbau, trägt auch Bänder mit magischen Inschriften und Sprüchen hinuistischer Herkunft.

Das Mausoleum, von monumentaler Größe, steht inmitten eines weitläufigen, quadratischen Gartens, der an allen vier Seiten von hohen Mauern mit je einem mächtigen Tor umgeben ist. Jedoch nur das südliche Tor dient als Zugang. Die anderen Tore, einschließlich des später verstümmelten Nordtores, hatten nur eine ornamentale Funktion. Der Eingangspavillon, ein zweigeschossiger, viereckiger Bau aus Sandstein, reich mit Marmorarabesken verziert, weist zwei identische Fassaden auf mit je einem riesigen *Īwān,* durch den der verhältnismäßig enge Durchgang unter einer Bogenöffnung gleicher Größe führt. Herausragendes Merkmal dieses Bauwerks sind vier schmale Minarette in weißem Marmor, die sich an den Ecken anstelle der traditionellen *Chatri* erheben. Es handelt sich hier um ein neues Element, das bald häufig eingesetzt wird und seine höchste Vollendung in den vier herrlichen Minaretten des Tāj Mahal erfahren wird. Das eigentliche Mausoleum steht auf dem Kreuzungspunkt der vier stark erhöhten, fast dreißig Meter breiten Terrassen, die den Garten in vier Felder gleicher Größe teilen. Jede Terrasse wird der Länge nach von einem schmalen, flachen Wasserlauf durchquert, der sich in ein rechteckiges Wasserbecken von einfacher Linienführung ergießt. Das Grabmal ist in seiner Struktur einzigartig. Es hat die Form einer stumpfen Pyramide mit äußerst breiter Basis und besteht aus fünf, zum Gipfel immer schmaler werdenden Geschossen; der Aufbau erinnert stark an die assyrischen *Zikkurat*.

Das Bauwerk, in der abwechselnden Verwendung von Sandstein und Marmor nicht immer ganz geglückt, gipfelt in einen unbedeckten Kenotaphen mit dem Sarkophag Akbars. Der Sarkophag enthält jedoch nicht die sterbliche Hülle des Kaisers, wie auch weder die Krypta noch der Sarkophag im dritten Stockwerk den Leichnam bergen. Dieser soll sich in der kleinen »geheimen« Grabkammer auf der vierten Ebene befinden, zu der man nur durch ein Fenster gelangt, das mit einer Sprossenleiter erklommen werden muß. Der Raum, nicht viel mehr als 1,60 Meter hoch, besteht aus einem Netz schmaler Stollen, die sich rechtwinkelig kreuzen und in deren Mitte sich ein einfacher Grabhügel aus Ziegeln erhebt. Nach einer sehr glaubhaften These sollte sich über dem marmornen Kenotaphen auf dem höchsten Punkt des Mausoleums eine Kuppel wölben, die dem Komplex sicherlich mehr Eleganz und Leichtigkeit verliehen hätte. Falls sie je geplant war, wurde sie doch nie errichtet, und das Bauwerk endet unvermittelt, in seinem geradlinigen Aufbau nur wenig durch die an den Ecken angebrachten Säulenkioske aufgelockert und von den wunderschönen, aus durchbrochenem Marmor gearbeiteten Fenstern erhellt.

Ganz anders ist das Grabmal des Schatzmeisters des Reichs (Itmād-ud-Daula), das im Jahr 1626 von der Kaiserin Nūr Jahān zum Gedenken an ihren Vater Mirzā Ghiyās Beg errichtet wurde, eines Flüchtlings aus Persien, der am Hofe Akbars zu großen Ehren aufstieg. Das Mausoleum steht in Agra, am linken Ufer des Yamunā, dessen Wasser den Garten umspülen. Der Grundriß des Bauwerks – quadratisch wie die meisten Grabdenkmäler der Zeit – folgt im wesentlichen den traditionellen Vorbildern, entfernt sich aber in seiner architektonisch informellen Struktur und in den eher bescheidenen Ausmaßen von den vorgegebenen Mustern. Der ebenfalls quadratische Garten ist von einer Umfriedungsmauer mit einem Tor im Zentrum einer jeden Seite umgeben. Von den Toren ist nur das östliche zum Durchgang geeignet, die anderen sind falsche Zugänge oder vielmehr Wasserpavillons, aus Gründen der Symmetrie errichtet. Das westliche Tor, das sich in den stillen Wassern des Flusses spiegelt, enthält Bade- und Wohnräume und ist so reich verziert und gut belüftet, daß man annehmen kann, es wurde als Lustpavillon oder als Wohnraum für die Frauen benutzt.

Interessant ist außerdem die Verzierung des Bauwerks, die mehrmals und besonders an den Seitenwänden die Lieblingsmotive Jahāngīrs verwendet: Weinkaraffe und Blumenvase. Durch die Vorhalle gelangt man in den Garten, dessen Bewässerungssystem von den Wassern des Yamunā gespeist wird. Die Stege aus Sandsteinblöcken sind leicht erhöht und durch Wasserläufe voneinander getrennt, die zum üblichen rechteckigen Wasserbecken führen. Das Mausoleum erhebt sich im Kreuzungspunkt der vier Durchgangsstege auf einem mit Marmorintarsien und geometrischen Figuren geschmückten Sandsteinsockel. Das Bauwerk ist ganz mit Platten aus kostbarstem Makrana-Marmor verkleidet, bestickt mehr als verziert mit Arabesken, geometrischen und floralen Motiven, mit Girlanden, naturalistischen und lebensgetreuen Abbildungen ganz entgegen den Vorschriften des Koran, veredelt mit vielfarbigem Marmor und Halbedelsteinen – Topas, Karneol, Jaspis –, mit einer Pracht und sichtbaren Vorliebe für Schmuck, wie es sich nur die Vorstellungskraft einer Frau ausdenken konnte. Das Innere des Erdgeschosses, zu dem man durch vier Tore mit seitlichen Fenstern aus durchbrochenem Marmor *(Jālī)* gelangt, besteht aus einem Wandelgang, der die Grabkammer mit zwei Porphyr-Sarkophagen umschließt. Der mittlere, kleinere Sarkophag ist *Asmat Begum,* der Gemahling *Ghiyās Begs, gewidmet;* er befindet sich in dieser Position, weil sie vor ihrem Gemahl starb. Zur Rechten steht auf einem Sockel, dessen Mosaik das Muster eines Perserteppichs nachbildet, der Sarkophag des Schatzmeisters I'tmād-ud-Daula. Zwei exakte Nachbildungen dieser Sarkophage befinden sich im Kenotaphen im Obergeschoß, wo das durch die herrlichen *Jālī* eindringende Licht und die alabasterfarbene Transparenz des Marmors dem Raum eine Atmosphäre stiller Besinnlichkeit verleihen. Vier Grabsteine stehen in den Ecken der Wandelhalle, anderen Mitgliedern der Familie gewidmet, während die Körper der Toten in einer nur vom Fluß aus erreichbaren und heute nicht mehr zugänglichen Krypta bestattet wurden. Über die Planung des Mausoleums gibt es eine interessante Geschichte, nach der Nūr Jahān das Mausoleum ganz mit Silber verkleidet gewünscht hatte, dann aber von dieser Idee Abstand nahm, weil das Metall bald schwarz geworden wäre und zuviele Diebe und Grabräuber angelockt hätte.

Nicht weit vom Grab Akbars in Sikandra entfernt steht das dem Gedenken an seine Gemahlin errichtete Mausoleum. Maryam Zamānī – »die der Welt liebenswert ist« – war eine Rājput-Prinzessin und die Mutter von Jahāngīr. Der mächtige Komplex war ursprünglich ein *Haradārī,* ein Lustpavillon mit zwölf Türen, von Sikandar Lodī erbaut und später von den Moguln in Besitz genommen, die den Pavillon zu einem Grabmal umbauten, eine Krypta aushoben und die Fassaden gemäß ihrer Vorliebe für das Monumentale verzierten.

Großartig und unverständlicherweise von den Touristenströmen unbeachtet ist das Mausoleum des Firōz Khān, nicht weit von Agra an der Straße nach Gwālior gelegen. Es ist das einzige Bauwerk, das von dem heute vollständig zerstörten Ort aus der Zeit Akbars noch übrig geblieben ist. Man weiß nur wenig über den vornehmen Verstorbenen, dessen Name das Grabmal trägt; er war Oberaufseher im kaiserlichen Harem von Shāh Jahān und als solcher wahrscheinlich ein Eunuch. Der Grundriß des Bauwerks ist einzig unter den Grabdenkmälern der Mogul-Zeit. Die mächtige zweigeschossige Säulenvorhalle ist mit einem Flachrelief mit traditionellen geometrischen Motiven geschmückt; aus ihrem Mittelbogen steigt eine breite Treppe empor, die direkt zum Obergeschoß führt, einer weiten, oktogonalen Terrasse mit dem ebenfalls achteckigen Kenotaphen in der Mitte. Zwei elegante Kioske und eine winzige Moschee, alle aus grauem Sandstein und mit demselben Pyramidendach, stehen zu Seiten der Gedenkstätte, die auf einer Sockelterrasse errichtet ist und an jeder Seite große Spitzbogen-Öffnungen aufweist, von deren Steingitter nur mehr die Halterungen geblieben sind. Die Wandverzierung ist höchst wirkungsvoll: Paneele in rotem und grauem Sandstein wechseln einander ab. Ebenso einfach ist die Grabkammer mit einer Stele im Mittelpunkt und überraschenderweise keinerlei Schriftbändern mit Koran-Versen. Die Zwiebelkuppel, auf einem niedrigen Tambour mit stark vorkragendem Gesims erbaut, war ursprünglich mit bunten Glaskeramiken verkleidet, von denen heute nur noch die Gipsränder zu sehen sind. Die einfache und schmucklose Krypta liegt auf gleicher Höhe wie das Erdgeschoß.

Der Tāj Mahal

Das Meisterwerk, das in aller Welt unter der Bezeichnung Tāj Mahal, »Krone der Paläste«, bekannt ist, verdient ein eigenes Kapitel, obwohl es auch »nur« ein Mausoleum ist. Es wurde gebaut, um die sterbliche Hülle von Arjumand Bānū, »Liebling des Palastes« (Mumtaz Mahal) aufzunehmen, der über alles geliebten Gemahlin Shāh Jahāns, die wahrscheinlich nach der Geburt ihres vierzehnten Kindes an einer Infektion starb. Der knapp vierzigjährige Kaiser überwand diesen Verlust nie. Chroniken seiner Zeit berichten, daß sein Bart innerhalb weniger Wochen grau wurde, er jahrelang Trauer trug und sich von jeder weltlichen Festlichkeit fernhielt. Da er ihr das Leben nicht wiedergeben konnte, beschloß er, zum Gedenken an seine Gemahlin ein Grabmal zu errichten, das seinesgleichen nicht hatte auf der ganzen Welt und das über alle Jahrhunderte und über den Tod hinaus Zeugnis geben sollte von seiner großen Liebe.

Der Name des Architekten ist unbekannt (die Nennung von Geronimo Veroneo, Goldschmied am Hofe des Mogul-Kaisers, ist vollkommen unbegründet), wahrscheinlich ist jedoch, daß der endgültige Bauplan durch die Mitwirkung vieler Architekten entstanden ist und der erste Entwurf an Holzmodellen ständig weiterentwickelt und verbessert wurde. 22.000 Arbeiter waren 22 Jahre ununterbrochen mit dem Bau beschäftigt; das Baumaterial wurde mit höchstem Aufwand aus den entferntesten Provinzen nach Agra gebracht: weißer Marmor aus Makrana, schwarzer Marmor aus dem Surat, Sandstein aus Sikrī und Halbedelsteine – Opale, Karneole, Lapislazuli, Türkise, Saphire, Heliotrope – aus Tibet, Rußland, Persien. Das Denkmal kostete die Staatskasse eine enorme Summe, aber es war der Mühe wert.

Gemäß der Tradition gehört zum Grabmal auch ein *Chahār-Bāgh*, aber zum ersten Mal steht das Grabmal nicht mehr im Zentrum des Gartens, sondern bildet den Abschluß und verleiht somit der Anlage mehr perspektivische Tiefe. Neu sind auch die vier schlanken, freistehenden Minarette an den Ecken der erhöhten Sandsteinterrasse, die die verhältnismäßig hohe und schmale Silhouette des Baus betonen und zugleich einen Rahmen bilden. Auch hier der schmale Wasserlauf, der wie in den anderen Gärten die Stege voneinander trennt; hier erweitert er sich, bis er zu einem richtigen Kanal wird, in dem sich das Bauwerk in spektakulärer Wirkung spiegelt. Der gesamte Komplex besitzt eine unbeschreibliche Eleganz. Es scheint fast unmöglich, daß ein Bauwerk von solcher Schwerelosigkeit, von solch zarter Kostbarkeit so riesige Dimensionen und eine Höhe haben kann wie ein Hochhaus mit zwanzig Stockwerken.

Ein geräumiger rechteckiger Vorhof aus Sandstein, einst Sitz des großen Bazar, erstreckt sich vor dem eigentlichen Eingang des Tāj Mahal an der südlichen Seite der Ummauerung, die das Areal begrenzt. Das Tor ist aus Sandstein mit kostbaren Intarsien in weißem Marmor und Pietradura-Ornamenten; der warme rote Ton des Grundmaterials ist jedoch vorherrschend. Es hat einen quadratischen Grundriß, zwei Stockwerke und oktogonale Ecktürme, die von Säulenkiosken bekrönt sind. Ein Aufbau von elf *Chatri* schmückt den mächtigen *Īwān* und vier Nischen, zwei an jeder Seite übereinander angeordnet, flankieren ihn. Die Vorhalle hat die Form eines halben Achtecks und weist nur einen Durchgangsbogen auf, der im Vergleich zu den grandiosen Dimensionen des Bauwerks eher klein ist; er wirkt fast wie das Objektiv einer Kamera, in dem das Bild des Mausoleums erfaßt wird. Zwei Zierbogen an den Seiten sind mit Türen versehen, deren Flügel ursprünglich aus Silber waren und die beim Niedergang des Reiches gestohlen und durch die heutigen Bronzeflügel ersetzt wurden.

Der weitläufige Garten ist gemäß den Regeln quadratisch. Ein großes Wasserbecken aus Marmor mit ständig sich erneuerndem Wasser wurde im Schnittpunkt der vier Kanäle errichtet, die von Reihen dunkelgrüner Zypressen und geometrisch angelegter Beete begleitet werden. Der Anblick des *Chahār-Bāgh* verrät eine so außergewöhnliche Harmonie, daß man die riesigen Ausmaße des Bauwerks erst wahrnimmt, wenn man unmittelbar davorsteht.

Das Mausoleum erhebt sich auf einem Unterbau im Mittelpunkt einer rechteckigen Terrasse zwischen dem Garten und dem Fluß; rechts und links des Grabmals, mit den Fassaden zu ihm gerichtet, befinden sich zwei identische Seitengebäude aus bemaltem Sandstein. Das westliche Gebäude ist eine Moschee, das östliche eine Pilgerherberge *(Mehmān Khā na).* Das Grabmal selbst mit seinem quadratischen Grundriß und den abgeschrägten Ecken ist ganz mit Blöcken aus Makrana-Marmor verkleidet und steht auf einem fast sechs Meter hohen Marmorsockel, der an den Seiten mit Flachreliefs in *Mihrāb*-Motiven verziert ist. Die perfekten Proportionen des Bauwerks sind das Ergebnis einer einfachen, aber höchst präzisen mathematischen Berechnung: die Länge der Fassaden an der Basis entspricht der Gesamthöhe des Bauwerks, und die mächtige Kuppel mit der lotosförmigen Spitze (als Baumeister wird Ismā'il Khān genannt) erhebt sich auf einem gestreckten Tambour, der von der hohen Brüstung des *Īwān* verdeckt wird. Die nach allen Seiten gleichen Fassaden werden jeweils von einem prachtvollen *Īwān* mit Stalaktitengewölbe beherrscht, dessen Giebel und Gesims fein ausgearbeitet und mit floralen Motiven geschmückt sind; die gleichen Motive kehren auch bei den Seitenbogen wieder. Auch die Anordnung der vier die Kuppel flankierenden Kioske beruht auf exakten geometrischen Berechnungen: sie wurden etwas nach innen gesetzt, um somit den perfekten pyramidenähnlichen Aufbau zu betonen.

Die Gedenkstätte des Grabmals ist eine Kopie der Grabkammer des Mausoleums von Humāyūns in Delhi: ein zentraler, oktogonaler Raum ist durch eine Reihe von strahlenförmig auseinanderführenden Gängen mit den Zugängen und den vier Eckzimmern verbunden. Die Kuppel wölbt sich in einer Höhe von fast fünfundzwanzig Metern halbkreisförmig über der von mächtigen Pfeilern umgebenen Halle. Die beiden Sarkophage – der kleinere in der Mitte ist Mumtāz gewidmet – sind reich mit floralen Motiven eingelegt und von einem oktogonalen Marmorgitter aus filigranartigem Rankenwerk von beispielhafter Schönheit umschlossen. Ursprünglich stand hier ein Gitter aus massivem Silber mit Edelsteinen geschmückt, es wurde jedoch im Jahr 1672 aus Angst vor einem möglichen Diebstahl entfernt. Die Krypta mit zwei weiteren Sarkophagen befindet sich im Sockel, birgt jedoch nicht die sterblichen Überreste des Kaiserpaares. Diese sind wohl gut geschützt vor allzu lästiger Neugier in einer dritten, geheimen Grabkammer unter der Erde verborgen, wo eine Reihe von siebzehn miteinander verbundenen Räumen plötzlich durch eine Mauer (vielleicht eine Verstärkung) blockiert wird. Niemand hat bis jetzt gewagt, diese Mauer einzureißen, aus Furcht, das Gleichgewicht des darüberbefindlichen Monuments zu gefährden.

Fathpūr Sīkrī: ein Denkmal zum Ruhme Akbars

Fathpūr Sīkrī, die »Stadt des Sieges«, unvergängliches Denkmal zum Ruhme Akbars, erhebt sich ungefähr fünfunddreißig Kilometer von Agra entfernt auf einem Ausläufer der Vindhya-Hügel. Der Ort war den Moguln bereits bekannt. Bābur hatte hier eine Moschee erbaut und einen Garten angelegt aus Dankbarkeit für einen in der Nähe errungenen Sieg, und Humāyūn hatte hier während seines Exils aus Delhi Aufenthalt genommen. Zu Zeiten Akbars gründete die Bekanntheit des kleinen Ortes *Sīkrī* , dessen Bewohner meist Steinhauer waren, auf dem Ruhm eines Heiligen, der dort seine Einsiedelei hatte. Die Askese des Sheikh Salīm Chishtī konnte man vielleicht bezweifeln – er lebte dort umgeben von seinen Frauen und Dienern in einem bequemen Haus, das auf den ursprünglichen Fundamenten mehrfach erneuert worden war –, aber seine Wahrsagungen galten als unfehlbar. Der Kaiser, der immer noch ohne Thronerben war, beschloß, den Heiligen zu befragen. Dieser weissagte ihm die Geburt von »drei tapferen Söhnen«, und tatsächlich gebar die Kaiserin den Erstgeborenen, der aus Dankbarkeit den Namen des Heiligen, Salīm, erhielt und unter dem Namen Jahāngīr herrschte. Weitere frohe Ereignisse ließen nicht lange auf sich warten; die Bande zwischen Akbar und seinem Wahrsager wurden immer enger, so daß Akbar den Ort Sīkrī als gutes Omen betrachtete und ihn zu seinem dauernden Aufenthaltsort erkor. Er ordnete die Errichtung prachtvoller Bauwerke zu seinem Gebrauch an und ermunterte seine Höflinge, es ihm gleichzutun.

Die neue Stadt wurde in Rekordzeit gebaut (ungefähr zehn Jahre) und war siebzehn Jahre lang, von 1568 bis 1585, die Hauptstadt des Reiches. Während dieser Zeit lebten bis zu zweihunderttausend Menschen innerhalb ihrer Mauern; dann wurde sie jedoch unerklärlicherweise aufgegeben. Man weiß nicht, weshalb die Stadt verlassen wurde. Eine Theorie geht dahin, daß es infolge von Wassermangel geschah, aber der künstliche See und die zahlreichen Brunnen und Bäder in der Stadt lassen diese Theorie ziemlich unglaubhaft erscheinen. Wahrscheinlicher sind politisch-militärische Gründe. Mit der Ausbreitung des Reiches hatte Fathpūr Sīkrī seine strategische Bedeutung als Grenzbollwerk verloren, und die gegenüber den neuen Grenzen des Landes allzu dezentrale Randlage hatte seinen Niedergang zur Folge. Die Unwiderruflichkeit, mit der die Stadt aufgegeben wurde, ist auch darauf zurückzuführen, daß Fathpūr Sīkrī nie eine richtige Stadt war, sondern eine Gebäudeansammlung zu reinen Verwaltungszwecken, deren Bevölkerung sich hauptsächlich aus Beamten und Funktionären, aus Angehörigen des Heeres und der Dienerschaft zusammensetzte, alle entweder mit der Verwaltung des Staates oder mit dem Hof verbunden und somit gezwungen, dem Kaiser in seinen Wohnortveränderungen zu folgen. Das erklärt auch, weshalb nur wenige Jahrzehnte später der englische Kaufmann William Finch die Stadt »wüst und gefährlich« finden konnte, mit den prunkvollen, nun den Raben überlassenen Palästen und den großen, von den Nachfahren der Familie Chishtī wie Gärten angelegten Plätzen zwischen den Bauwerken, die kühn das herkömmliche System der Straßen abgelöst hatten.

Fathpūr Sīkrī ist der vollkommenste architektonische Ausdruck für die Großzügigkeit und Toleranz, die der Persönlichkeit Akbars eigen waren; die Stadt wird deshalb auch als der »zu Stein gewordene Gedanke« Akbars bezeichnet. In Sīkrī tritt tatsächlich die glückliche Verbindung von zwei extremen und scheinbar unvereinbaren architektonischen Prinzipien zutage: die Hindu-Architektur, figurativ und mit Dekor überlastet, und die islamische, linear und geometrisch, beide zu einem Gesamtkonzept vereinigt, das alle traditionellen Schemata sprengt. Es ist eine Stadt ohne Straßen, entstanden aus der Gegenüberstellung von Raum und Masse, ihre Gebäude sind miteinander verbunden durch Terrassen und verschiedene Ebenen, durch Höfe, Treppen und Gärten. Jedes Bauwerk stellt eine pragmatische, individuelle Lösung städtebaulicher Probleme dar, wobei die örtlichen Gegebenheiten und der Bezug, in dem die Gebäude zueinander standen, stets berücksichtigt wurden und mit Hilfe eines Systems vielfältiger Achsen ein harmonisches Gesamtbild geschaffen wurde. Die Verzierungen entstammen deutlich der einheimischen Kunst, ebenso die Gebälktechnik der Privathäuser; die Anlage der Gärten, Plätze und Kultstätten ist rein islamisch. Baustoff ist der Sandstein, der vor Ort gewonnen wurde und dessen gleichförmig rote Leuchtkraft gelegentlich durch weißen Marmor und blaues Fliesenwerk unterbrochen wird.

Der Grundriß der Stadt ist ein Rechteck, das an drei Seiten von zinnengekrönten Mauern mit neun identischen Toren umgeben ist, während die vierte Seite von einem großen, künstlich angelegten See eingenommen wird, der – heute ausgetrocknet – einst von den Wassern des nahen Flusses Khari gespeist wurde. Der Besucherstrom geht heute meist durch das im Nordosten gelegene Agra-Tor, das auf den großen Platz hinausführt, der einst die heute nicht mehr existierende Karawanserei beherbergte. Auch der eindrucksvolle Wohnkomplex zur Rechten, in dem die höchsten Würdenträger wohnten, ist verschwunden, buchstäblich Stein für Stein von den Bewohnern des nahen Dorfes abgetragen, ehe das Gebiet zur archäologischen Zone erklärt wurde. Übrig blieb ein Pavillon, bekannt als »Haus des Tansen«, eines großen Musikers am Hofe Akbars. Die Straße nach Agra kreuzt dann den eingezäunten Hof des Naubat Khā na, den »Platz der Trommeln«, von dem aus die Musikertruppe die Ankunft des Herrschers verkündete. Hier war auch der Marktplatz, dessen Zugang zwei wundervolle Tore bildeten mit einem dreifachen Spitzbogen und einer Galerie mit Steinbänken für die Musiker. Geht man dann zwischen dem großen viereckigen Bau der Kār-Khāna (kaiserliche Ämter, vielleicht die Münze) und dem Wachposten hindurch, betritt man den Dīwān-i-Ām, der den großen öffentlichen Audienzen vorbehalten war; ein weiter Hof, 112 x 65 Meter groß, an jeder Seite von einer langen Veranda begrenzt. Der kaiserliche Pavillon befindet sich in der Mitte des westlichen Teils. Er besteht aus einem fünfbogigen Laubengang und ist gegenüber dem restlichen Komplex stark erhöht und vorgeschoben. Unter dem seitlich mit *Jālīs* abgeschlossenen Hauptbogen saß der Herrscher bei Gerichtsverhandlungen oder wenn er sich seinem Volk drei Stunden nach Sonnenaufgang zeigte. Im Mittelpunkt des Hofes wird dem Besucher ein großer Steinring gezeigt. Hier soll es gewesen sein, wo nach der Überlieferung eigens dafür abgerichtete Elefanten den Kopf eines zum Tode verurteilten Verbrechers zerquetschten; es ist jedoch auch möglich, daß diese Stelle für die Tänzer und Gaukler des Hofes reserviert war. Auch der Garten wurde für Feste verwendet; dabei wurde er pompös mit Zelten und Teppichen ausgestattet, einer richtigen Zeltstadt ähnlich, in der die wichtigsten Gäste untergebracht wurden.

Von einem Durchgang hinter dem Dīwān-i-Ām konnte der Kaiser direkt in den privaten

Bereich seines Palastes gelangen, einem geräumigen Komplex von Gebäuden, dem *Daulat Khāna,* der »Stätte des Glücks«, der rund um den großartigen Hof des Pachisi angeordnet war, wo sich ein kreuzförmiges Podest für das gleichnamige Spiel befand; man erzählt sich, daß Akbar bei diesem Spiel junge Mädchen in verschiedenfarbigen Gewändern an Stelle der Spielsteine verwendete.

Im Norden erhebt sich im Mittelpunkt eines großen Platzes der Pavillon für die privaten Audienzen, der Dīwān-i-Khās, ein bemerkenswerter, zweigeschossiger Bau mit quadratischem Grundriß. Das obere Stockwerk wird durch eine umlaufende, von mächtigen Konsolen im Hindu-Stil gestützte Empore betont, das weit vorkragende Regendach *(Chajja)* trägt eine Terrasse, die mit überkuppelten Kiosken geschmückt ist. Der Innenraum besteht aus einem einzigen großen Saal, in dessen Mittelpunkt sich eine Säule mit mächtigem Stalaktikapitell erhebt; jedes Element des Kapitells ist einzeln gearbeitet und höchst geschickt mit den anderen verbunden. Die Säule trägt eine runde Plattform, die mit den Ecken der innen umlaufende Empore durch vier Brücken mit zart durchbrochener Brüstung verbunden ist. Hier empfing der Kaiser seine wichtigsten Gäste, saß theologischen Debatten vor, die ihn brennend interessierten, oder ließ sich aus Büchern vorlesen, denn trotz seiner unbestrittenen Intelligenz und seiner Liebe für die Kunst konnte er weder schreiben noch lesen. Weitere interessante Objekte liegen im südlichen Teil um den *Anup Talab,* das »unvergleichliche Wasserbecken«, das Akbar im Jahr 1578 mit Münzen aus dem Staatsschatz füllen ließ, die dann an die Bevölkerung verteilt wurden.

Höchst interessant unter historischem Gesichtspunkt ist der Komplex der kaiserlichen Wohngebäude, der Dīwān Khāna-i-Khās vor dem Wasserbecken. Es ist ein äußerst einfaches Gebäude, verglichen mit anderen kaiserlichen Residenzen. Es besteht nur aus zwei Zimmern im Erdgeschoß, wo sich der Herrscher mit seinen Gästen aufhielt und speiste, und einem Schlafzimmer *(Khwābgāh)* im ersten Stock in Form eines kleinen von einer gedeckten Veranda umgebenen Pavillons (ca. siebzehn Quadratmeter), der größte Kühle und Frische spendete. Das Innere ist bescheiden dekoriert. Wände und Decken waren einst mit florealen und geometrischen Motiven bemalt, die heute mit Ausnahme einiger schöner, in *nasta'liq* geschriebener Inschriften aus dem Koran vollkommen verblaßt sind. Auf der gegenüberliegenden Seite des Beckens befinden sich weitere Gebäude: der Ābdār Khāna, fälschlicherweise als »Schule der Mädchen« bezeichnet, in Wirklichkeit jedoch eine Art Wasserreservoir (Akbar trank nur Wasser aus dem Ganges) und Lager für die Küchenvorräte; der kleine elegante Pavillon des Anup Talab (Hazār-i-Anup Talab), berühmt wegen seines überaus reichlichen Dekors, das nach Art der Holzschnitt-Technik der lokalen Künstler in Stein geschnitten ist; des weiteren steht dort nahe dem Dīwān-i-Khās der Pavillon des Gold- und Silberschatzes, unverständlicherweise auch »Versteckspiel« *(Ankh Michauli)* genannt, ein rechteckiger, eher einfacher Bau, aus drei geräumigen unterirdischen Zimmern bestehend, in denen das kaiserliche Vermögen bewacht wurde; daran schließt sich ein kleiner Kiosk (drei Quadratmeter) an, der Kiosk »des Astrologen«.

Mehrere überdachte Gänge – oft auch abgeschirmt gegen fremde Blicke, damit die Frauen sich möglichst freibewegen konnten – führen zum *Haram Sarā*, dem Serail, einer kleinen Stadt in der Stadt, deren Aufbau der Struktur des Khāna ähnelt, mit einigen Zugeständnissen an mehr Luxus und Bequemlichkeit. Der üppigste und bedeutendste Palast dieser »verbotenen Stadt« ist sicher der Palast des Jodh Bai mit einem Vorhof in rein maurischem Stil und einem großen Eingangs-Iwān, der von Erkern mit länglichen Kuppeln flankiert wird und von zwei schönen *Chatri* gekrönt ist. An den Süd- und Nordflügeln stechen Fliesen aus Multan-Keramik von unglaublich intensivem Blau hervor, das sich mit dem gleichmäßigen Rot des Sandsteins harmonisch verbindet. An der nördlichen Seite des Palastes befindet sich ein kleiner Pavillon, das »Haus der Lüfte« (Hawā Mahal), mit offenem, von Doppelpfeilern gestütztem Erdgeschoß und einem Obergeschoß, das aus einem einzigen Raum besteht mit großen, durch *Jālī* aus durchbrochenem Stein geschützten Fenstern. Hier verbrachte der Herrscher die wenigen Mußestunden in Gesellschaft seiner jeweiligen Favoritin.

Nicht weit davon entfernt steht das Haus des Bīrbal, im Jahr 1571 von Rājā Bīrbal für seine Tochter erbaut. Es besteht ebenfalls aus zwei Stockwerken, weist vier Zimmer im Untergeschoß auf und zwei von hohen Kuppeln bedeckte Räume im Obergeschoß; die Wohnungen besitzen zahlreiche Nischen für die persönlichen Gegenstände der Bewohner. Der Steindekor ist sowohl außen wie innen ausnehmend reich, vielleicht sogar etwas schwer, mit Kassetten und Paneelen, in die Glocken-, Ranken- und Fischgratmotive geschnitten sind und mit bemerkenswerten, zum »Ochsenmaul« *(gaumukhi)* stilisierten Konsolen. Direkt gegenüber öffnet sich ein weiter, rechtwinkliger Hof, bekannt als »das Gestüt«. Der Laubengang mit den dicken Bronzeringen für das Zaumzeug und den im Innern gelegenen Kammern für die Pferdeknechte scheint für diesen Zweck wohl geeignet, die Nähe zu den Wohnungen der Frauen, für die der Lärm der Tiere und das ständige Hin und Her der Stallknechte sicher unangenehm gewesen wäre, scheint diese Annahme jedoch zu widerlegen. Östlich des großen Haremsgartens und nicht weit von der eleganten Residenz der Rājput-Prinzessin Maryam Zamānī (interessant vor allem wegen der figurativen Flachreliefs, in denen Episoden der Hindu-Mythologie so geschickt verborgen dargestellt sind, daß sie den islamischen Aufsehern entgangen sind) erhebt sich der beeindruckendste Bau von Fathpūr Sīkrī, der Panch Mahal oder der Fünffache Palast, auch Turm des Windes genannt, da er in alle Richtungen geöffnet ist und somit ein ständiger kühler Luftzug herrscht. Die Architektur dieses Gebäudes ist im wesentlichen hinduistisch im Stil der *Vihara*, der alten buddhistischen Landklöster. Es besteht aus fünf übereinander errichteten immer kleiner werdenden Bogengängen, die dem Bauwerk die Form eines ungleichseitigen Dreiecks geben. 84 Doppelsäulen – eine kabbalistische Zahl, die man erhält, indem man die zwölf Tierkreiszeichen mit sieben multipliziert –, alle verschiedenartig und an der Außenlinie des Hauses angeordnet, stützen die herrlichen, geschnitzten Kassettendecken des Gebäudes, das von einem schönen, überkuppelten, über eine steile Treppe erreichbaren Kiosk bekrönt wird. Zu welchem Zweck der Panch Mahal bestimmt war, ist nicht ganz klar. Vielleicht war er ganz einfach ein Lustpavillon oder er diente, mit Vorhängen und Paravents versehen, den Frauen des Haram Sarā als Sommerwohnung.

Ein überdachter, heute verfallener Weg verband den Serail mit dem Elefantentor (Hathī Pol; es verdankt seinen Namen den beiden steinernen Dickhäutern an seiner Seite; sie wurden von Aurangzēb teilweise zerstört, da er sich durch diese offensichtliche Übertretung der Gebote des Korans in seinen religiösen Empfindungen verletzt fühlte) und vom Tor aus mit dem Hiran Minar, dem Turm des Hirschen. Die Gestaltung dieses etwas plumpen Turms ist unverwechselbar. Oktogonal an der Basis wird er zur Mitte hin rund und bis zur Spitze immer schmäler und endet mit einer runden Terrasse, deren kuppelbekrönter Kiosk es den Frauen ermöglichte, ungesehen Turnieren und anderen Schaukämpfen zuzusehen. Die Seiten des Turms sind mit steinernen Stoßzähnen bestückt, zur Erinnerung an Hiran, den Lieblingselefanten Akbars, der unter dem Turm begraben ist. Das weiträumigste und erhabenste Bauwerk von Fathpūr Sīkrī ist jedoch die Große Moschee (Jami Masjid), die auf dem höchsten Punkt des Hügels im Südwesten der kaiserlichen Paläste errichtet wurde. Die äußeren Maße des Versammlungshofes betragen 133 x 165 Meter. Zum Hof gelangt man durch zwei Tore, das Königstor (Badshāhī Darwāza), das dem Kaiser zur privaten Benützung vorbehalten war, und das Siegestor (Buland Darwāza), das großartigste Denkmal aus Akbars Reich. Über den eindrucksvollen Vorraum mit seiner gerippten, sich halbkreisförmig wölbenden Kuppel gelangt man direkt in den *Sahn;* dieser wird von einem Laubengang begrenzt, unter dem sich zwischen den Pfeilern kleine, ungefähr drei Quadratmeter große Zellen öffnen: die Moschee fungierte auch als *Khānqāh,* als Klosterschule für Salīm Chishtī und seine Anhänger. Kleine viereckige *Chatri,* in regelmäßigen Abständen angebracht, mit kleeblattförmigen Zinnen schmücken die massiven Sandsteinmauern. Das Heiligtum der Moschee befindet sich im linken Teil und besteht aus einem großen *Īwān* und drei Kuppeln mit lotusförmiger Spitze, flankiert von zwei oktogonalen Kiosken.

Die Verzierungen des Innenraumes sind vielleicht etwas zu auffällig und wenig einfallsreich, aber der *Mihrāb,* die Nische, die dem Gläubigen die Richtung der Ka'aba zeigt, ist ein schönes Beispiel traditioneller Ornamentik. Tief in die nach Mekka gerichtete Wand eingelassen, stellt er ein mit zarten Arabesken verziertes Fünfeck dar mit einem Architrav aus Sandstein, der Intarsien in weißem und schwarzem Marmor aufweist und ein Goldband mit Koran-Versen. Das Waschbecken steht unter einem riesigen immergrünen Baum im Mittelpunkt des Hofes, die Nordseite des Portikus flankieren zwei niedrige Bauten, die offensichtlich erst später hinzugefügt wurden. Der erste und bekanntere Bau, ganz in leuchtendem Makrana-Marmor gehalten, ist das Grabmal des Salīm Chishtī; der zweite in rotem Sandstein stellt das Grabmal Islām Khāns dar, des Enkels von Salīm Chishtī und hohen Würdenträgers am Hofe von Jahāngīr.

Der Kenotaph des Heiligen Salīm Chishtī ist ein vornehmer Pavillon mit quadratischem Grundriß und einem Flachdach, das in der Vertikalen durch eine Kuppel mit niedrigem Tambour betont wird. Der in Marmor gehaltene Innenraum ist sehr einfach. Einziger Schmuck sind die subtilen, in verschiedenen geometrischen Strukturen und zarter Durchbruchsarbeit gesägten Marmorgitter, die den Umgang umsäumen und an die von den Besuchern, gemäß einer alten Sitte und um eine Gnade zu erlangen, Goldfäden gehängt werden.

Standbild des Streitrosses von Amar Singh beim gleichnamigen Tor der Roten Festung von Agra

Die Mo-gul-Kunst: Agra

Die Kunst der Mogul-Zeit führt die indo-islamische Tradidion weiter, die bereits mit der teilweisen Eroberung Indiens durch die Araber seit dem 8. Jahrhundert begonnen hatte und von den Dynastien iranischen Ursprungs, wie den Tughluqiden, den Sayyiden, Lodīs oder Sūrī, fortgesetzt worden war. In den drei Jahrhunderten, in denen das Mogul-Reich sich über ganz Indien erstreckte, wurde der Höhepunkt der indo-islamischen Kunst erreicht: In dieser Zeit ist sie die einzige offizielle Kunstform Indiens und hat ihre Zentren in der vom jeweiligen Herscher erwählten Residenzstadt, wie Agra, Delhi, Fathpur Sikrī, Allahabad, Lahore. Während der Herrschaft der beiden ersten Mogul-Kasier (1526–15656), Bābur und Humāyūn, nimmt die Mogul-Kunst ihre ersten charakteristischen Merkmale an, wobei die persischen Elemente deutlich über die hinduistischen vorherrschen. Die Zeit Akbars (1556–1605) ist durch die Verschmelzung verschiedener Stilrichtungen bestimmt und durch immer eigenständigere Formen der persischen Architektur, die in einen neuen, den »indischen« Stil münden. Ihm wird vor allem in der Erbauung von Fathpāu Sikrī ein Denkmal gesetzt. Die von Jahāngī (1605–1627) in Lahore, Agra und Sikandra errichteten Bauwerke nehmen zu Anfang den vielseitigen Stil Akbars wieder auf, werden dann jedoch immer mehr in der persischen, von Kashmir und Bengalen übermittelten Tradition weitergeführt. So setzt sich in der Verkleidung und im Dekor immer stärker weißer Marmor mit Intarsien aus vielfarbigen Steinen durch. Unter Shāh Jahān (1627–1658) erreicht dieser Stil seinen »klassischen« Höhpunkt; das Meisterwerk und Inbegriff der Mogulkunst dieser Zeit ist der berühmte Tāj Mahal von Agra. In der Regierungszeit Aurangzebs (1658-1707) setzt der Verfall der Mogul-Kunst ein. Die klaren Linien verschwinden, »barocke« Bauchigkeit und Schnörkel bestimmen die Stilformen, an die Stelle des Marmors mit den feinen Intarsien tritt üppige Vergoldung und wenig geschmackvolle Farbigkeit. Auch die unter den Kaisern Akbar, Jahangir und Shāh Jahān blühende und bis zur äußersten Verfeinerung entwickelte Miniaturmalerei (Abbildung rechts: Akbar unterhält sich mit Jesuiten-Missionaren) verfällt zu manieristischen, ausdruckslosen Darstellungen.

Links das Amar Singh-Tor, Ansicht der Doppelmauer der Roten Festung mit circa zwanzig Metern Höhe und dem zwölf Meter tiefen Graben dazwischen. Rechts das Akbar-Tor, Portal in der Innenmauer hinter dem Amar Singh-Tor. Die verhältnismäßig kleine Öffnung wird von einem großen, von vier Blendnischen flankierten Blendbogen eingerahmt. Der Dekor besteht aus Flachreliefs mit geometrischen Mustern.

Links und rechts der Saal für die offiziellen Audienzen (Dīwan-ī-Ām). Der Pavillon besteht aus einem dreifachen Säulengang mit tief herabreichenden Zackenbogen. Rückwärts schließt ein privater Raum an, der durch ein Drillingsfenster Licht erhält. An diesem Fenster zeigte sich der Herrscher, um Recht zu sprechen oder die Botschafter fremder Länder zu empfangen. Der Schemel vor dem Fenster war dem Großwesir vorbehalten, während die seitlichen Gitteröffnungen es den Frauen ermöglichten, ungesehen der Versammlung beizuwohnen.

Links Hauptraum des Musamman Burj, der Wohnung von Shāh Jahāns Lieblingsfrau Mumtāz Mahal. Die Wände sind mit vielfarbigen Marmorintarsien und Pietradura-Ornamentik in florealen Mustern geschmückt. Zahlreiche Nischen nahmen persönliche Gegenstände oder Öllampen zur Beleuchtung auf. Der Springbrunnen in der Mitte in Form einer stilisierten Lotosblüte sorgte für Kühle, wie auch der Portikus am äußeren, dem weiten Land zugewandten Laubengang. Unten Portikus und Detail des Dekors.

Vorhergehende Seite 26: Der Komplex der privaten Gemächer der Kaiserfamilie (Khās Mahal), um den mittleren Garten des Angūrī Bāgh *(Weingarten) errichtet. Man beachte die traditionelle Struktur des Chahār Bāgh mit den vier erhöhten Stegen, die sich beim zentralen Wasserbecken kreuzen. Charakteristisch für den* Angūrī Bāg *sind die geometrischen Figuren der Felder, die vermutlich mit verschiedenfarbigen Blumen bepflanzt wurden und somit ein eindrucksvolles, schachbrettartiges Muster bilden.*

Abbildungen auf den Seiten 27 bis 29: Verschiedene Ansichten der niedrigen Gebäude und des Laubengangs, der den Marmorpavillon im Mittelpunkt des Angūrī Bāgh mit den anderen, den Garten umgebenden Bauten verbindet. Diese Gebäude sind auch unter der Bezeichnung »vergoldete Pavillons« bekannt: die Dachbedeckung bestand ursprünglich aus Goldblech, das im Lauf der Zeit Beute zahlreicher Plünderungen wurde. Im Innern der Gebäude gibt es kleine Räume, die Naulākhi *(neunhundert Tausende), in deren dicke Mauern zahllose kleine Nischen eingefügt sind, die wahrscheinlich dazu verwendet wurden, Schmuckstücke und Dokumente aufzubewahren.*

Der Jahāngīri Mahal ist der einzige Palast aus Akbars Zeit, der heute noch vollständig erhalten ist. Vom Kaiser vermutlich für seinen Sohn Salīm erbaut, der später unter dem Namen Jahāngīr herrschte, stellt er ein großartiges Beispiel dar, für die Verschmelzung moslemischer und hinduistischer Formen zum eigenen Stil der Mogul-Architektur. Das Äußere mit dem Fliesendekor, den Mihrāb-*Motiven und dem Tor in Form eines* Īwān *entstammt reinster maurischer Tradition, während die innere Struktur vollkommen den Residenzen der Hindu-Fürsten entspricht: ein Komplex von Sälen, Durchgängen und Terrassen, um die Mittelachsen zweier, von Laubengängen umsäumter Höfe angelegt; der erste Hof ist den Besuchern, der zweite den Frauen des Harems vorbehalten. Seite 30 oben die zum Garten gerichtete Fassade; Seite 30 unten Detail der Verzierung mit Blendbogennischen; links drei Sandsteinpaneele der Fassade mit Profilen aus Marmor, ganz im Stil der für die Zeit charakteristischen Vorliebe für Farbkontraste.*

Links der Eingangspavillon zum Mausoleum Kaiser Akbars in Sikandra, von Jahāngīr im Jahre 1613 vollendet. Ein kleiner Bogen aus Sandstein ist dem mächtigen Īwān *mit hoher, zinnenbewehrter Brüstung vorangestellt. Von dieser Brüstung herab ertönte einst bei Sonnenaufgang und Untergang der Wirbel der Trommeln zum Gedenken an den Herrscher. Unten einer der drei Pavillons in Form eines* Īwān *mit Blendbogen, die als Schmuck an drei Seiten der Umfriedungsmauer jeweils in der Mitte errichtet sind. Pavillons sind als Schmuck in der Mitte jeder Seite der Umfriedungsmauer errichtet.*

Das Grabmal Kaiser Akbars ist ein einzigartiges Bauwerk: Es hat die Form einer stumpfen Pyramide mit fünf, zur Spitze hin sich verjüngenden Stockwerken. Das Erdgeschoß weist einen quadratischen Grundriß auf und ist an jeder Seite von einem Laubengang mit weiten Marmorbogen begrenzt; in der Mitte ragt ein mächtiger Īwān empor. Auf dem Dach des Erdgeschosses erhebt sich eine zweite Sandstein-Konstruktion mit offenen Bogen rund um ein in der Mitte gelegenes, mit Kuppelkiosken bekröntes Zimmer. Darüber ruhen zwei weitere, kleinere Geschosse gleichen Aufbaus, die wiederum den Kenotaphen aus Marmor tragen.

Links unten das Mausoleum des Kaisers Akbar, ein Sandsteinbau mit nach oben sich verjüngenden Geschossen. Links oben der unbedeckte Kenotaph: Er befindet sich im fünften Stock über der tatsächlichen, auf der vierten Ebene verborgenen Grabkammer und besteht aus einem weiten quadratischen Hof mit Fliesenboden in Schachbrettmuster. In der Mitte steht auf einem breiten Sockel der Sarkophag. Ein Kielbogen-Laubengang mit großen, nach außen gerichteten Fenstern in zarter Durchbruchsarbeit umsäumt die Terrasse (unten).

Links eines der dem Vestibül vorgelagerten Zimmer im Mausoleum des Kaisers Akbar. In der Mitte erhebt sich ein Sarkophag zum Gedenken an ein Familienmitglied. Vom Vestibül aus gelangt man zu Krypta, wo sich ein weiteres Grab des Herrschers befindet, ein einfacher Hügel aus Ziegelsteinen. Das System der doppelten Grabstätte, vielfach bei den Steppenvölkern zu finden, ist ein Erbe der Mongolen-Vorfahren des Kaisers und Teil eines komplexen Symbolismus, der auf dem Gegensatz zwischen der dunklen Behausung des Todes und dem göttlichen Licht beruht.

Oben eine Miniatur des 17. Jahrhunderts: »Jahāngīr mit dem Bildnis seines Vaters Akbar«. Jahāngīr, der vierte Mogul-Kaiser, war ein großer Schutzherr der bildenden Künste, die unter seiner Regierung von der abendländischen Malerei beeinflußt wurden und sich in ihren Darstellungen sehr stark an die Wirklichkeit anlehnten. Ein deutlicher Naturalismus mit Hell-Dunkel-Effekten ist ebenso kennzeichnend für den Stil dieser Zeit wie die Vorliebe für erlesenes Weiß, Gold und alle gedämpften Farben.

Zwei Miniaturen des 17. Jahrhunderts: »Jahāngīr sitzt einer Versammlung bei Hofe vor« (links) und »Jahāngīr nimmt an den Feiern zum Ramadān teil« (rechts). Obwohl es nach den Geboten des Koran einem islamischen Künstler nicht erlaubt ist, Menschen darzustellen, da allein Gott die Macht hat, ein beseeltes Bildnis zu schaffen, hat es in der islamischen Tradition doch immer figürliche Darstellungen gegeben, auch wenn sie nur der sogenannten Kleinkunst vorbehalten waren. Mit Akbar und später Jahāngīr wurde die figürliche Darstellung auch auf die Malerei und Bildhauerei ausgedehnt. Die beiden Kaiser führten die Porträtmalerei in die islamische Kunst ein; sie gingen sogar so weit, Münzen mit Bildnissen zu versehen. Um seine Haltung zu verteidigen, die sicher das Ergebnis seiner aufgeklärten Politik gegenüber den Hindus und seiner religiösen Toleranz war, erging sich Akbar in subtilen theologischen Abhandlungen, wobei er erklärte, daß die Malerei keineswegs die heiligen Gebote bedrohe, da sie nur ein bescheidener Versuch sei, das göttliche Werk nachzuahmen.

Unten der Eingangspavillon zum Mausoleum des Schatzmeisters I'tmād-ud-Daula. Nur Jahān, Gemahlin Jahāngīrs und eigentlich Regierende, errichtete das Mausoleum für ihren Vater Mirzā Ghiyās Beg, einen hohen Würdenträger am Hofe Akbars. Der Pavillon ist aus Sandstein erbaut und mit Marmorintarsien geschmückt, die persische, für die Zeit Jahāngīrs typische Dekorationsmotive verwenden: Weinflasche und Blumenvase (rechts). Auf der übernächsten Seite: Frontansicht mit dem mächtigen Īwān.

Seite 45 der Pavillon im Osten des Gartens, der zum Grabmal I'tmād-ud-Daulas gehört, mit Blick zum Fluß Yamunā. Er besteht aus zwei Geschossen und enthält Badezimmer und Wohnräume. Die reiche Verzierung und der angenehme Standort lassen vermuten, daß er als Lustpavillon oder als Wohnhaus für die Frauen gedacht war. Unten das Mausoleum. Es erhebt sich auf einem Sansteinsockel und ist Makrana-Marmor verkleidet und rundum mit vielfabrigen Marmorintarsien und Pietradura-Ornamentik reich verziert (rechts).

Seite 48 einer der vier oktogonalen Ecktürme, die kennzeichnend für das Mausoleum des I'tmād-ud-Daula sind; sie liefern den Ausgleich für die stark horizontale Struktur, die durch das umlaufende, ausgeprägte Gesims noch betont wird. Links oben der kleine Pavillon auf der Terrasse mit dem Sarkophag aus Porphyr-Gestein. Der Pavillon wird von einer pyramidenartigen Kuppel überwölbt, die auf einem Chajjā, *einem stark vorspringenden Regendach ruht. Dieses Dach sorgt mit seinen Licht-Schatten-Effekten ebenfalls für eine Unterbrechung im gleichförmig hellen Glanz des Marmors. Fenster in feiner Durchbruchsarbeit tauchen den Innenraum in zartes, stilles Licht. Unten Ausschnitt aus der Marmorverkleidung des Eingangspavillons. Die Dekoration ist das bestimmende Element dieses Mausoleums, dessen strukturelle Einfachheit die Voraussetzung für die überreiche Fülle an Verzierungen darstellt: Arabesken und Girlanden, geometrische, florale und naturalistische Motive, sogar Darstellungen von lebenden Figuren.*

Links Innenraum des Kenotaphen im Mausoleum des I'tmā d-ud-Daula mit den beiden Porphyr-Sarkophagen des Schatzmeisters und seiner Gemahlin; beide Sarkophage sind mit den im Erdgeschoß aufgestellten Sarkophagen identisch (unten). Auf den beiden folgenden Seiten: zwei Miniaturen, »Shāh Jahān empfängt eine Delegation von islamischen Gelehrten« und »Die Feiern zur Hochzeit des Dārā Sikoh«, des zweitgeborenen Sohnes des Kaisers. Während der Regierungszeit Shāh Jahāns erreichte die Architektur der Moguln, ihren Höhepunkt.

Tāj Mahal, das von Shāh Jahān für seine Gemahlin Mumtāz Mahal errichtete Mausoleum, erreicht man durch ein Portal aus rotem Sandstein; weiße Marmoreinfassungen und Marmorprofile um die Sandsteinpaneele zieren die Fassaden (unten). Der Bau ist der Umfriedungsmauer stark vorgelagert und hat oktogonale Ecktürme und einen großen zentralen »Īwān«, dessen Brüstung mit einer Loggia aus eine Reihe Chatrīs *geschmückt ist. Die Tore waren ursprünglich aus Silber, wurden jedoch während der Besetzung durch die Jāts aus den Angeln gerissen und eingeschmolzen*

Rechts der Tāj Mahal, die vollkommenste Schöpfung der indo-islamischen Architektur. Seine Proportionen sind perfekt, das Baumaterial ist edelster Makrana-Marmor, die Verzierungen sind Audruck höchster Eleganz und Harmonie. Das Mausoleum birgt die Blendgräber des Kaiserparres (Seite 56 und Seite 57) mit ihrem herrlichen Blumendekor, umgeben von einem Marmorgitter aus filigranartigem Rankenwerk. 57 rechts: ein Gartenpavillon (oben) und ein Ausschnitt aus der um das Mausoleum verlaufenden Einfriedung (unten).

Fathpūr Sikrī

Die Gründung Fathpūr Sikrī geht auf eine höchst persönliche Angelegenheit Kaiser Akbars zurück, dessen Ruhm auch durch diese Stadt und ihre eindrucksvollen Bauwerke begründet wurde. Um das Jahr 1568 begab sich Akbar, der immer noch ohne Thronerben war, in ein kleines Dorf etwa fünfunddreißig Kilometer vor Agra, um den heiligen Eremiten Salīm Chishtī um Rat zu fragen. Der Heilige weissagte ihm die Geburt dreier Söhne: bald darauf gebar die Kaiserin Maryam Zamānī, eine Rājput-Prinzessin, den zukünftigen Herrscher Jahāngīr. Aus Dankbarkeit beschloß Akbar, den Ort zu seiner neuen Residenzstadt Fathpūr Sikrī zu machen. So entstand eine Palastanlage, die zu den großartigsten architektonischen und städtebaulichen Denkmälern der Mogul-Zeit gehört. »Seine Majestät plant herrliche Gebäude, und die Arbeit seines Geistes und seines Herzens erhält ein Gewand aus Kalk und Stein«, so beschrieb Abul Fazl in einer Biographie des Herrschers die Entstehung der Stadt aus dem Willen des Kaisers. Die Stadt wurde im Verlauf eines Jahrezehnts nach einem ungewöhnlichen Bauplan errichtet: die Gebäude sind frei, ohne bestimmte Anordnung, um Gärten und weiträumige, bedeckte Höfe erbaut und alle nach Mekka gerichtet. In Struktur und Ornamentik stellen die verschiedenen Bauwerke ein grandioses Beispiel dar für die Synthese indo-islamischer Formen und Stile. In dieser Synthese zeigt sich auch die Toleranz Akbars in Fragen der Religion: er war an jeder Religion interessiert, die nach Indien kam, vom Hinduismus bis zum Christentum, vom Konfuzianismus bis zum Glaubensbekenntnis der Parsen. In der Darstellung lebender Figuren überwand er die Vorbehalte der islamischen Tradition: Pfauen und Gänse tauchen wiederholt in den Dekorationen der Gebäude in Fathpūr Sikrī auf, Darstellungen von Menschen erscheinen in einem Relief des Panch Mahal und im »Haus der Maryam Zamānī«. Auch die bildenden Künste üben einen großen Einfluß aus, Künstler aus aller Welt füllten die Ateliers von Fathpūr Sikrı. Die polititsche und künstlerische Bedeutung der Stadt war jedoch nur kurzlebig; im Jahr 1585 verlegte der Kaiser seinen Hof endgültig nach Lahore; Fahtpūr Sikrī wurde zum Alterssitz der kaiserlichen Witwen und der Hofdamen, bis es dann vollständig verlassen wurde. Rechts oben der Dīwan-i-A¯m; rechts unten das Wasserbecken des Anup Talab.

Links oben der Pavillon des Anup Talab (Hazar-i-Anup Talab), ein kleines, nur wenige Quadratmeter umfassendes, elegantes Gebäude. Besonders schön ist die mit einem vorspringenden Regendach versehene Veranda, die sich zum Wasserbecken hin öffnet (links), sowie die Verzierung der Innen- und Außenwände, die an Holzschnitte erinnernde Steinmetzarbeiten aufweisen (unten). Leider schließt sich an den Pavillon ein wenig schöner Laubengang an, der sicherlich erst später angebaut wurde.

Im Vordergrund der schmucklose Pavillon des Gold- und Silberschatzes, bekannt als »Versteckspiel«, denn nach weit verbreiteter Meinung soll sich der Herrscher hier mit diesem Spiel vergnügt haben. Der Bau ruht auf drei großen unterirdischen Räumen, der Schatzkammer des Reiches. Links davon der »Sitz des Astrologen« und im Hintergrund der Panch Mahal oder der Fünffache Palast: er besteht aus fünf übereinander angeordneten Laubengängen, deren Länge und Breite zur Spitze hin abnehmen. Bekrönt ist der Palast von einem Kuppelkiosk. Die Bestimmung dieses Bauwerks ist nicht bekannt.

Unten der Dīwān-i-Khās, der Pavillon für die privaten Audienzen. In diesem Gebäude wurde der Hauptteil der Regierungsgeschäfte abgewickelt. Die äußere Fassade besteht aus zwei Geschossen, die in einer großen Terrasse enden. Auf der Terrasse steht in jeder Ecke ein kuppelbekrönter Kiosk; ein fünfter, größerer Kiosk erhob sich im Zentrum der Terrasse, wo noch heute der Sockel zu sehen ist. Zahlreiche Steinringe, an denen große Stoffbahnen befestigt wurden, um den Hof in Schatten zu tauchen, sind am Gesims über dem Regendach angebracht.

Der Saal im Inneren des Dīwan-i-Khās mit der zentralen Säule, die durch ein mächtiges Stalaktitenpitell geschmückt ist (unten). Die Säule, Symbol des Zntrums der Welt, trägt eine Plattform aus weißem Marmor, auf der Akbar saß, wenn er sich mit seinen Ministern beriet, Botschafter empfing oder Fragen der Religion erörterte. Von der Säule gehen vier Brücken zu der in gleicher Höhe an den Wänden umlaufenden Empore; auf dieser Empore saßen die Minister und Berater Akbars, bereit, auf einen Wink des Herrschers zu ihm zu eilen. Im Saal drunter warteten die Untertanen darauf, vom Kaiser empfangen zu werden oder seine Mitteilungen zu hören. Rechts der Hiran Minār, der Turm des Hirschen, von Akbar auf den Gebeinen seines Lieblingselefanten errichtet und aus diesem Grund mit steinernen Stoßzähnen geschmückt. Der turm spiegelte sich im Wasser eines nahegelegenen, von Kiosken und Lustpavillons umkränzten Wasserbeckens. Es wurde meist von den Frauen des Harem benützt, die von seiner Spitze aus ungesehen die Turniere und Wettkämpfe beobachten konnten.

Links oben das Haus der Birbal, von Rājāh Birbal für seine Tochter erbaut, die einer umstrittenen Überlieferung nach mit Akbar verheiratet gewesen sein soll. Das Gebäude besteht aus sechs Räumen; die zwei Räume des Obergeschosses sind von hohen Kuppeln bedeckt und mit grazieln Erkerfenstern geschmückt. Links unten ein Laubengang begrenzt den großen, rechteckigen Hof (88 x 35 cm) vor dem Palast; vermutlich waren hier die Ställe für die Pferde und Kamele des Hofes untergebracht. Unten Teilansicht eines mit dichten Reliefs geschmückten Innenraumes.

Links eine Miniatur mit der Darstellung der »Feste in Fathpūr Sikrī anläßlich der Geburt von Akbars Sohn«. Man beachte die Ausschmükkung der Räume mit Vorhängen und Baldachinen. Diese beweglichen Elemente waren kennzeichnend für die Stadt, die in ihrer Glanzzeit überall mit Teppichen und wertvollen Behängen geschmückt war und große Pavillons aufwies, deren Plafonds mit kostbaren Stoffen ausgekleidet waren. Rechts der Palast des Jod Bai, das größte und bedeutendste Bauwerk des Haram Sarā. Man betritt die Anlage durch einen mächtigen in die Umfriedungsmauer eingefügten Torbau (rechts oben). Die Blendbogen zu Seiten des Eingangs dienten als Schilderhäuschen für die zur Palastwache abgestellten Eunuchen. Zwei Kuppeln über den Erkerfenstern und zwei schöne Chatrīs *schmücken den Bau. Der zweigeschossige Palast ist in Terrassen, Pavillons, Loggien und Laubengänge gegliedert und um einen großen, quadratischen Innenhof angelegt (rechts unten), von dem aus ein gedeckter, heute zerstörter Durchgang direkt zu den Gemächern des Herrschers führte.*

Das großartigste Bauwerk in Fathpūr Sikrī ist die Große Moschee, die Jami' Masjid. Sie umfaßt vier Hauptgebäude: die Mausoleen des Salīm Chishtī und des Islām Khān, das unter der Bezeichnung Buland Darwāza bekannte Südtor und die eigentliche Moschee. Das Mausoleum des Salīm Chishtī (links), ein kleiner Bau, gilt als eines der schönsten Monumente Indiens. Der Pavillon mit quadratischen Grundriß ist ganz mit Makrana-Marmor verkleidet, das flache Dach wird von einer Kuppel mit niedrigem Tambour bekrönt. Das stark hervorkragende Gesims wird durch elegante Konsolen in Schlangenform getragen – eine rein hinduistische Tradition. Man betritt das Heiligtum durch einen Portikus mit zwei fein gearbeiteten Säulen, deren Basis aus einem grotesken Maskaron besteht, dem schrecklichen Abbild des Gottes Schiva. Dieses Motiv ist eine charakteristische Verzierung der brahamischen Architektur. Rechts im Bild das Mausoleum des Islām Khān, Salīms Neffe und hoher Würdenträger am Hofe Jahāngīrs.

Links oben das Mausoleum des Salīm Chishtī, Frontansicht. Links unten das Tor zum Zenána Rauza, dem Friedhof der Frauen an der Nordseite des Versammlungshofes, zwischen den Mausoleen des Salim Chishtī und des Islām Khān. Die Grabsteine gehören den Nachfahren der Familie Chishtī. Unten Grabmal des Salīm Chishtī, Umgang. Besonders reizvoll ist die subtile Ausarbeitung der Verzierung: hier Paneele mit Naskh-*Schriftzeichen und Nischen mit* Mihrāb-*Motiven.*

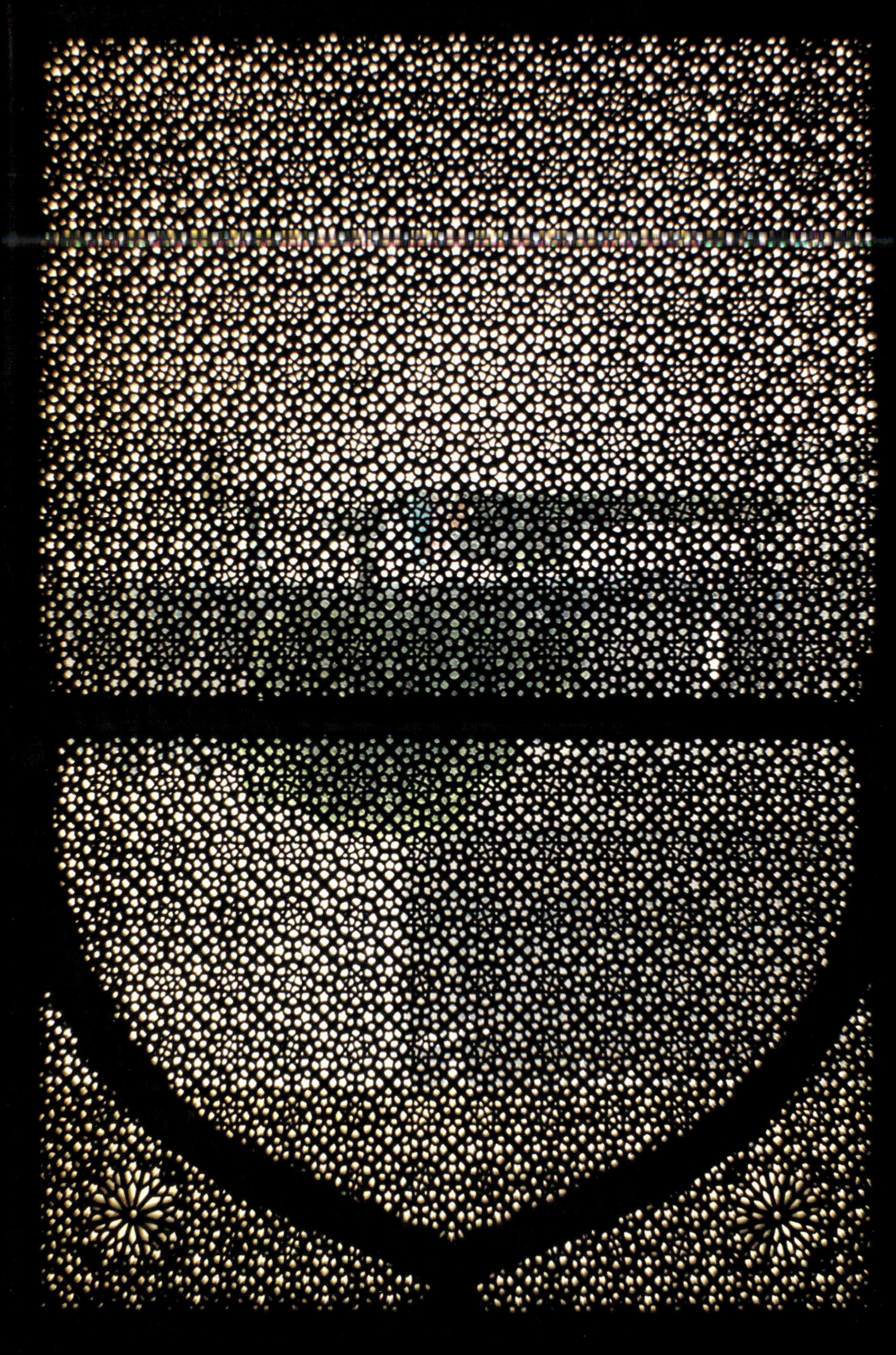

Links Ausschnitt aus einem Fenster des Umgangs im Mausoleum des Salim Chishtī. Diese monolithischen, aus einer Marmorplatte gesägten Dekorationselemente, Jālī genannt, gehören zum Feinsten und Elegantesten, was die Mogul-Kunst hervorgebracht hat. Sie sind mit unübertrefflicher Geschicklichkeit gearbeitet. Rechts das Tor des Sieges, Buland Darwāza, von Akbar als Ersatz des kleineren Originaltores zum Gedenken an seinen Sieg über Gujarat errichtet. Aus diesem Anlaß gab er auch der Stadt Sikrī ihren neuen Namen: Fathpūr Sikrī, die Stadt des Sieges. Das 53 Meter hohe Tor ist das großartigste Bauwerk aus Akbars Zeit, ein Symbol für die Allmacht des Herrschers. Er erhebt sich am Ende einer breiten Treppe, was den Bau noch monumentaler und erhabener wirken läßt und wird von einem großen Īwān beherrscht. Die Verzierung ist äußerst einfach und geschmackvoll: Bänder und Paneele aus hellem Sandstein auf dunklem Grund. Zwei Blütenreliefs sind der einzige Schmuck des Giebels, und die drei großen Schriftrollen um den Bogen enthalten Suren aus dem Koran.

Inhalt

SOMMAIRE

1 PRINTEMPS

2
ÉTÉ

Tarte aux courgettes et tapenade • **74**

Tourtes de blettes • **76**

Tian de légumes et crumble • **78**

Aubergines à la parmesane • **80**

Aubergines grillées, figues et mozza • **82**

Aubergines, grenade et sauce au sésame • **88**

Beignets d'aubergines au pecorino • **84**

Légumes d'été confits à l'ail et brousse • **86**

Aubergines au miel, feta, noix et roquette • **90**

Papillote de légumes, semoule et romarin • **92**

3 AUTOMNE

4 HIVER

Tartelettes tatin delégumes racines • **206**

Houmous à l'avocat
et aux graines • **208**

Velouté de potimarron
et pain perdu salé • **210**

Soupe de cerfeuil tubéreux
• **212**

Soupe aux pois cassés • **214**

Velouté de mâche, raifort et curry • **216**

Suprême de chou rouge
et orange • **218**

Velouté de topinambours
et lentilles • **220**

1

PRINTEMPS

SALADE DE PRINTEMPS ET SAUCE PESTO

Pour 2 personnes
20 min de préparation
20 min de cuisson

MATÉRIEL
Mixeur
Cuit-vapeur

INGRÉDIENTS : 1 verre de boulgour complet • 1 betterave • 6 asperges vertes • 2 poignées de haricots verts • 2 poignées de pois mange-tout • 2 bouquets de brocoli • 2 bouquets de chou-fleur • 1 poignée de pousses d'épinards • 1 cuil. à soupe de graines de courges •1 filet d'huile d'olive **Pour la sauce pesto :** 1 bouquet de persil • 3 cuil. à soupe de noix de cajou • Huile d'olive • 1 pincée de sel • 1 pincée de poivre

1. Faites cuire le boulgour selon les indications du paquet. Réservez dans un saladier et ajoutez 1 filet d'huile d'olive.

2. Épluchez les légumes, coupez la betterave en tranches.

3. Faites chauffer le cuiseur vapeur et mettez les légumes au fur et à mesure en commençant par la betterave, puis, 5 min après, les asperges, les haricots et les pois mange-tout, puis terminez par le brocoli et le chou-fleur. Les légumes doivent être *al dente*, surveillez bien la cuisson.

4. Préparez la sauce pesto. Mettez le persil, les noix de cajou, le sel et le poivre dans le mixeur. Mixez et ajoutez de l'huile d'olive par le goulot. La préparation doit être souple et homogène.

5. Lavez les pousses d'épinards et essorez-les. Faites griller à sec les graines de courges dans une poêle.

6. Dressez les assiettes : faites un lit de boulgour, disposez les légumes, parsemez de pousses d'épinards, de graines de courges grillées et ajoutez de la sauce pesto. Dégustez immédiatement.

VARIANTES

Ajoutez de l'ail dans la sauce pesto.
Remplacez le boulgour par une autre céréale complète.

SALADE CONFITES, RHUBARBE ET LÉGUMES

Pour 2 personnes
10 min de préparation
45 min de cuisson

INGRÉDIENTS : 4 tiges de rhubarbe d'épaisseur moyenne • 2 carottes • 2 fenouils • 2 betteraves • 2 poignées de mesclun (feuilles de betterave, épinards, cerfeuil et salade de mesclun) • 2 cuil. à soupe de miel • 1 cuil. à soupe de gingembre râpé • 4 cuil. à soupe de jus d'orange • 60 g de noisettes hachées grossièrement • 4 cuil. à soupe de persil • 6 belles écailles de gouda • 4 cuil. à soupe d'huile d'olive • 1 filet d'huile de noisette • Sel, poivre

1. Épluchez les légumes. Coupez la rhubarbe en tronçons, les carottes en bâtonnets, les fenouils en six et les betteraves en cubes. Lavez le mesclun et essorez-le.

2. Préchauffez le four à 180 °C (th. 6). Mélangez dans un saladier l'huile d'olive, le miel, le gingembre et le jus d'orange. Ajoutez les légumes et mélangez pour qu'ils soient enrobés de préparation. Déposez-les sur une plaque allant au four. Enfournez pour 45 min et mélangez à mi-cuisson. Retirez à ce moment-là la rhubarbe car elle cuit plus vite. Réservez-la dans un bol.

3. Faites griller à sec les noisettes dans une poêle. Disposez au centre de deux assiettes les légumes fondants et la rhubarbe, ajoutez le mesclun, saupoudrez de persil et parsemez de noisettes torréfiées. Ajoutez l'huile de noisette, salez et poivrez. Réalisez des écailles de gouda à l'aide d'un économe et déposez-en sur la salade. Dégustez.

SALADE DE NAVETS, POMME ET CANNEBERGES

Pour 4 personnes
15 min de préparation
8 à 10 min de cuisson
20 min de réfrigération

INGRÉDIENTS : 5 à 6 petits navets • 500 g de haricots verts • 1 pomme granny smith • 1 oignon nouveau • 30 g de noisettes • 30 g de canneberges séchées • 40 g de parmesan fraîchement râpé • 2 cuil. à soupe de vinaigre balsamique blanc • 5 cuil. à soupe d'huile d'olive • Sel et poivre du moulin • Gros sel (10 g/litre d'eau)

1. Faites bouillir un grand volume d'eau salée et plongez-y les haricots verts pendant 8 à 10 min. Ils doivent rester croquants. Égouttez-les puis rafraîchissez-les sous l'eau froide et mettez de côté.

2. Pelez les navets et, à l'aide d'une mandoline, émincez-les en tranches très fines. Lavez et émincez l'oignon nouveau. Coupez la pomme en quatre et retirez le cœur puis taillez chaque quartier en fines lamelles à l'aide de la mandoline. Concassez avec un couteau les noisettes.

3. Dans un grand saladier, versez l'huile d'olive et le vinaigre balsamique, salez et poivrez, émulsionnez avec un petit fouet. Ajoutez tous les ingrédients et mélangez très délicatement. Placez au frais 20 min avant de déguster.

SALADE FRAISES, JEUNES POUSSES ET ASPERGES

Pour 4 personnes
25 min de préparation
25 à 27 min de cuisson
5 min de repos

INGRÉDIENTS : 100 g de millet • 1 botte d'asperges vertes • 6 radis roses • 1 avocat • 4 cuil. à soupe de graines de citrouille • 250 g de fraises • 100 g de jeunes de pousses de salade **Pour la vinaigrette** 10 brins de persil plat • 10 brins de menthe • 6 cl d'huile d'olive • Le jus d'½ citron • 1 cuil. à soupe de vinaigre de cidre • Sel et poivre du moulin • Gros sel (10 g/litre d'eau)

1. Rincez le millet dans une fine passoire, égouttez-le et versez-le dans une casserole. Versez deux volumes d'eau et une pincée de sel. Couvrez et portez à ébullition puis faites cuire 20 min sur feu doux. Laissez le couvercle et faites reposer 5 min avant de découvrir. Laissez ensuite totalement refroidir.

2. Pendant ce temps, réalisez la vinaigrette. Ciselez le persil et la menthe. Dans un grand saladier, émulsionnez avec un fouet, l'huile d'olive, le jus de citron et le vinaigre de cidre. Salez et poivrez, mettez de côté.

3. Lavez puis coupez les bases des asperges qui sont trop fermes et filandreuses. Faites bouillir de l'eau dans une grande casserole avec du gros sel. Plongez les asperges environ 5 à 7 min dans l'eau en ébullition, testez la cuisson avec la pointe d'un couteau.

4. Stoppez directement la cuisson en plongeant les asperges égouttées dans un bain d'eau glacée. Sortez-les ensuite et déposez-les sur un torchon sec et propre.

5. Lavez les radis et coupez-les en fines rondelles, vous pouvez utiliser une mandoline pour plus de facilité. Lavez les fraises, séchez-les puis équeutez-les. Coupez-les ensuite en quatre.

6. Coupez l'avocat en deux, retirez le noyau central et récupérez la chair avec une cuillère à soupe, taillez chaque moitié en lamelles ou en cubes.

7. Versez tous les ingrédients dans le saladier contenant la vinaigrette aux herbes et mélangez bien pour enrober le tout.

SALADE TOMATE, ROQUETTE, AVOCAT ET FRAISE

Pour 4 personnes
15 min de préparation

INGRÉDIENTS : 4 poignées de roquette • 4 tomates • 150 g de fraises • 1 boule de mozzarella • 1 avocat • 1 citron vert • 1 poignée de pignons de pin • Quelques feuilles de basilic • 2 cuil. à soupe d'huile d'olive • 2 cuil. à soupe de vinaigre balsamique • Sel, poivre

1. Lavez la roquette et essorez-la. Lavez les tomates, découpez-les en morceaux. Lavez les fraises et découpez-les en quartiers. Mettez-les dans un saladier.

2. Découpez la boule de mozzarella et l'avocat en morceaux et rajoutez-les dans le saladier. Pressez le citron pour éviter que l'avocat noircisse. Rajoutez les pignons de pin, le basilic, l'huile d'olive et le vinaigre balsamique. Salez et poivrez.

3. Dégustez.

INFO NUTRITION

Les fraises sont des fruits peu caloriques.
Elles sont riches en flavonoïdes et en provitamine A.

QUICHE VERTE COURGETTE ET MENTHE

Pour 4 personnes
20 min de préparation
1 h 10 de cuisson

INGRÉDIENTS : 4 courgettes moyennes • 1 bouquet de menthe • 1 oignon • 1 pâte feuilletée • 3 œufs • 250 g de ricotta • 100 g de parmesan • 100 g de gruyère râpé • 1 jaune d'œuf • 4 cuil. à soupe d'huile d'olive • Sel, poivre **Pour l'accompagnement :** 1 laitue romaine • 1 cuil. à café de moutarde forte • 2 cuil. à soupe de vinaigre de vin • 1 cuil. à soupe de persil haché • 2 cuil. à soupe de mélange de graines • 3 cuil. à soupe d'huile d'olive • Sel, poivre

1. Lavez les courgettes et coupez-en les extrémités. Coupez-les en rondelles puis coupez chaque rondelle en quatre. Ciselez la menthe. Épluchez l'oignon et hachez-le.

2. Versez l'huile d'olive dans une sauteuse et faites-y revenir l'oignon puis les courgettes pendant environ 20 min. Préchauffez le four à 180 °C (th. 6). Étalez finement la pâte feuilletée et déposez-la dans le moule. Enlevez l'excédent et formez une boule. Piquez le fond de tarte et faites cuire la tarte à blanc pendant 15 min.

3. Cassez les œufs dans un saladier, ajoutez la ricotta et fouettez bien. Ajoutez le parmesan et la menthe puis salez et poivrez. Mélangez bien. Ajoutez les courgettes et les oignons. Mélangez et versez sur le fond de tarte. Saupoudrez de gruyère râpé. Étalez le reste de pâte feuilletée, découpez des bandes et déposez-les sur la tarte de façon à former des croisillons. Dorez avec un jaune d'œuf puis enfournez pour 30 à 35 min.

4. Lavez la laitue et essorez-la. Dans un saladier, émulsionnez la moutarde, le vinaigre et l'huile. Salez et poivrez. Ajoutez la laitue, le persil et les graines. Remuez et servez avec la tarte.

TARTE RECTANGULAIRE LÉGUMES ET PESTO

Pour 4 à 6 personnes
30 min de préparation
1 h 10 de cuisson

MATÉRIEL
Cuit-vapeur
Mixeur

INGRÉDIENTS : 1 botte d'oignons blancs • 50 cl de bouillon de légumes • 2 carottes en rondelles • 1 poignée de pois mange-tout • 1 poignée de haricots verts • 4 têtes de chou-fleur • 4 têtes de chou romanesco • 1 poignée de petits pois • 6 asperges vertes • 1 betterave en bâtonnets • 1 poignée de fanes **Pour la pâte :** 60 g de parmesan en poudre • 250 g de farine d'épeautre • 1 jaune d'œuf • 250 g de beurre • 5 cl de lait • 1 cuil. à soupe de sel **Pour le pesto :** 1 botte de basilic • 2 gousses d'ail épluchées • 15 cl d'huile d'olive • 1 pincée de fleur de sel

1. Préparez la pâte. Mélangez dans un saladier le parmesan et la farine, faites un puits au centre et ajoutez le jaune d'œuf, le beurre en morceaux et le sel. Travaillez du bout des doigts puis ajoutez le lait. Travaillez jusqu'à l'obtention d'une pâte lisse et homogène. Préchauffez le four à 180 °C (th. 6). Foncez le moule à tarte et enfournez pour 15 min. laissez refroidir.

2. Préparez le pesto. Mixez les feuilles de basilic et l'ail puis ajoutez petit à petit l'huile d'olive et le sel. Réservez.

3. Coupez les tiges vertes des oignons blancs, émincez-les et réservez. Mettez les oignons blancs dans une casserole, ajoutez le bouillon de légumes et faites cuire à feu doux pendant 40 min, jusqu'à ce qu'il n'y ait plus de bouillon et que les oignons soient glacés. Réservez.

4. Faites cuire les légumes à la vapeur pendant environ 15 min : ils doivent rester *al dente*. Dressez la tarte. Couvrez le fond de tarte de pesto puis garnissez harmonieusement tous les légumes et oignons glacés. Ajoutez les fanes et les tiges d'oignons. Dégustez tiède ou froid.

VARIANTE

Ajoutez des œufs cuits coupés en quatre, des copeaux de parmesan ou des cubes de feta à votre tarte.

TARTELETTES RADIS MULTI-COLORES ET FETA

Pour 4 personnes
15 min de préparation

INGRÉDIENTS : 4 tranches de pain noir • 200 g de feta • 1 botte de radis multicolores • 4 cuil. à soupe d'huile d'olive • ½ citron non traité • ½ botte de ciboulette • Poivre du moulin

1. Ôtez les fanes des radis. Lavez les radis sous l'eau froide puis taillez-les en fines rondelles, vous pouvez utiliser une mandoline pour plus de facilité. Toastez les tranches de pain noir. À l'aide d'un emporte-pièce rond, découpez quatre disques de pain les plus larges que vous puissiez réaliser dans la tranche. Récupérez les zestes du ½ citron, pressez le jus dans un bol, mélangez l'ensemble avec l'huile d'olive et les rondelles de radis. Émiettez la feta entre vos doigts. Ciselez la ciboulette.

2. Déposez sur chaque disque de pain de la feta émiettée, recouvrez de rondelles de radis et parsemez de ciboulette. Poivrez et dégustez frais.

CURRY VERT VÉGÉTARIEN

Pour 2 personnes
15 min de préparation
35 à 40 min de cuisson

INGRÉDIENTS : 4 tiges de ciboules • 4 cuil. à soupe de basilic thaï • 2 pommes de terre • 1 carotte • 1 brocoli • 1 cuil. à soupe d'huile de coco • 1 cuil. à café de gingembre râpé • 1 cuil. à soupe de pâte de curry vert • 1 tige de citronnelle ciselée • 1 boîte de lait de coco • 1 feuille de combava (en épicerie exotique) • 6 pois mange-tout • 1 poignée de petits pois • Le jus de 1 citron vert • Poivre

1. Émincez la ciboule et le basilic thaï. Épluchez les pommes de terre et coupez-les en rondelles. Épluchez la carotte et coupez-la en rondelles, détachez les bouquets du pied de brocoli.

2. Faites chauffer l'huile de coco dans une cocotte et faites-y revenir la ciboule, les ¾ du basilic thaï et le gingembre. Ajoutez la pâte de curry vert (selon votre goût), mélangez puis ajoutez la citronnelle. Versez le lait de coco, remplissez la boîte d'eau et versez dans la cocotte.

3. Mélangez puis ajoutez la feuille de combava, les pommes de terre et les rondelles de carotte. Laissez mijoter pendant environ 10 min puis ajoutez les brocolis, les pois mange-tout et les petits pois. Laissez mijoter jusqu'à ce que les légumes soient bien tendres. Ajoutez un peu d'eau si nécessaire. Avant de servir, ajoutez le jus de citron vert. Parsemez de basilic thaï et poivrez. Dégustez bien chaud.

VARIANTE

Pour varier les saveurs, utilisez une pâte de curry jaune ou une pâte de curry rouge.

LASAGNES AUX LÉGUMES VERTS DE PRINTEMPS

Pour 4 personnes
20 min de préparation
55 min de cuisson

INGRÉDIENTS : 6 feuilles de lasagnes • 2 gousses d'ail • 4 oignons nouveaux • 1 botte de cresson • 500 g de petits pois • 300 g de fèves pelées • 4 cuil. à soupe de persil plat ciselé • 50 cl de crème fleurette allégée • 250 g de ricotta • 120 g de parmesan râpé • 1 boule de mozzarella • 1 filet d'huile d'olive • Sel, poivre

1. Épluchez l'ail et les oignons et émincez-les finement. Prélevez les feuilles de cresson, lavez-les et essorez-les. Hachez-les grossièrement.

2. Faites chauffer 1 filet d'huile d'olive dans une poêle et faites suer les oignons et l'ail pendant 5 min, puis ajoutez les feuilles de cresson. Laissez cuire pendant 5 min. ajoutez ensuite les petits pois, les fèves et le persil. Versez 1 petit verre d'eau et la crème fleurette allégée. Laissez mijoter pendant environ 15 min, il faut que les fèves soient tendres. Ajoutez la ricotta. Salez et poivrez.

3. Préchauffez le four à 180 °C (th. 6). Tapissez le plat de jus de cuisson. Déposez 2 feuilles de lasagnes puis ajoutez 1 belle couche de légumes. Saupoudrez de parmesan. Déposez 2 feuilles de lasagnes, le reste des légumes puis du parmesan. Terminez par les 2 dernières feuilles de lasagnes. Versez le jus sur la préparation. Couvrez de mozzarella découpée en rondelles. Poivrez et enfournez pour 30 min. Servez bien chaud avec une salade.

VARIANTES

Remplacez le cresson par du pourpier. Utilisez du gruyère râpé à la place de la mozzarella.

POIREAUX VINAIGRETTE, SOJA ET MANDARINE

Pour 4 personnes
10 min de préparation
20 min de cuisson

MATÉRIEL
Cuit-vapeur

INGRÉDIENTS : 8 petits poireaux • 3 cuil. à soupe de sauce soja • 2 cuil. à soupe de jus de mandarine • ½ cuil. à café de zestes de mandarine • 1 cuil. à soupe d'huile de sésame • 2 cuil. à soupe d'huile de pépins de raisin • 1 cive

1. Coupez la base des poireaux puis coupez-les en deux dans le sens de la longueur. Lavez-les à grande eau pour retirer la terre. Faites-les cuire à la vapeur pendant 20 min jusqu'à ce qu'ils soient tendres.

2. Dans un bol, émulsionnez avec un petit fouet la sauce soja, le jus et les zestes de mandarine, l'huile de sésame et de pépins de raisin. Lavez et ciselez la cive, ajoutez-la dans la vinaigrette. Déposez les poireaux tièdes dans des assiettes et arrosez de vinaigrette au soja et à la mandarine. Dégustez tiède ou froid.

PETITS POIS CRUS, ROQUETTE ET BURRATA

Pour 4 personnes
25 min de préparation

INGRÉDIENTS : 2 burratas • 1 kg de petits pois frais • 150 g de roquette • ½ bouquet de ciboulette • ½ bouquet de persil plat • 1 citron • 5 cuil. à soupe d'huile d'olive • Fleur de sel et poivre du moulin

1. Écossez tous les petits pois. Lavez et essorez la roquette. Ciselez la ciboulette et le persil plat.

2. Pressez le jus du citron au-dessus d'un saladier, versez l'huile d'olive et émulsionnez le tout avec un petit fouet. Ajoutez les petits pois et la roquette, mélangez bien.

3. Égouttez les burratas, coupez-les en deux et disposez chaque moitié dans une assiette. Ajoutez de la salade de petits pois crus et assaisonnez l'ensemble de sel et de poivre. Dégustez frais.

GASPACHO D'ASPERGES ET CHÈVRE FRAIS

Pour 4 personnes
20 min de préparation
20 de cuisson

MATÉRIEL
Siphon
Mixeur

INGRÉDIENTS : 1 kg d'asperges blanches • 2 l d'eau • Gros sel • 300 g de chèvre frais • 15 cl de lait entier • ½ botte de ciboulette • 1 botte d'asperges sauvages • 2 cuil. à soupe d'huile d'olive • Fleur de sel et poivre

1. Épluchez les asperges blanches et faites bouillir l'eau avec du gros sel. Plongez les asperges pendant 12 min puis égouttez-les en gardant le jus de cuisson. Mixez les asperges, en ajustant la consistance avec le jus de cuisson. Laissez refroidir à température avant de placer au frais.

2. Mélangez dans un saladier le chèvre et le lait, versez le tout dans un siphon et insérez deux cartouches de gaz. Placez au frais.

3. Faites chauffer de l'huile dans une poêle, ajoutez les asperges sauvages et faites-les dorer pendant 4 à 5 min.

4. Versez le gaspacho d'asperges blanches dans le fond, disposez l'émulsion de chèvre par-dessus et décorez avec les asperges sauvages. Versez un filet d'huile d'olive, salez et poivrez. Dégustez chaud.

PATATES DOUCES, LÉGUMES ET COTTAGE CHEESE

Pour 6 personnes
20 min de préparation
35 à 40 min de cuisson

INGRÉDIENTS : 2 patates douces • 2 oignons rouges • 1 bouquet de coriandre • 1 bouquet de cerfeuil • 1 bouquet de ciboulette • 3 avocats • Le jus de 1 citron • 100 g de pousses d'épinards • 250 g de cottage cheese • 1 filet de vinaigre de xérès • 60 g de pistaches décortiquées et non salées • Huile d'olive • Sel, poivre

1. Préchauffez le four à 180 °C (th. 6). Lavez les patates douces et coupez-les en trois. Déposez les 6 tranches sur une plaque de four. Ajoutez 1 filet d'huile d'olive, salez et poivrez. Enfournez pour 20 min puis retournez-les et poursuivez la cuisson pendant 15 à 20 min.

2. Épluchez les oignons rouges et ciselez-les finement, réservez. Effeuillez les bouquets de coriandre et de cerfeuil. Hachez les feuilles de coriandre et de cerfeuil et la ciboulette, puis mélangez-les dans un bol. Épluchez les avocats et coupez-les en tranches. Arrosez-les du jus de citron pour éviter qu'ils s'oxydent et réservez.

3. Lorsque les patates douces sont cuites, déposez-les sur des assiettes ou dans un plat de service. Parsemez-les de pousses d'épinards. Ajoutez les tranches d'avocats, les oignons rouges et le cottage cheese puis parsemez d'herbes hachées. Ajoutez 1 filet d'huile d'olive et 1 filet de vinaigre de xérès, salez et poivrez, et répartissez les pistaches décortiquées sur le dessus.

VARIANTE

Ajoutez 1 pincée de cumin en poudre et 1 pincée de piment doux sur les tranches de patates douces avant de les mettre au four.

CHOU CHINOIS SAUTÉ AU WOK

Pour 4 personnes
25 min de préparation
30 min de cuisson

MATÉRIEL
Râpes à légumes

INGRÉDIENTS : 1 chou chinois • 5 oignons nouveaux • 2 cm de gingembre frais • 2 gousses d'ail • 2 cuil. à soupe de graines de sésame • 2 cuil. à soupe d'huile d'arachide ou de tournesol • 1 cuil. à soupe d'huile de sésame • 1 pincée de piment de Cayenne en poudre • 3 cuil. à soupe de sauce soja • 1 cuil. à soupe de sauce nuoc-mâm • ½ cuil. à soupe de cassonade • Sel, poivre

1. Nettoyez le chou et coupez-le en lanières. Épluchez et émincez finement les oignons nouveaux. Pelez et râpez le gingembre. Épluchez et hachez les gousses d'ail, après avoir enlevé le germe.

2. Faites chauffer le wok et faites dorer les graines de sésame à sec pendant 1 à 2 min. Réservez dans un ramequin.

3. Faites chauffer l'huile d'arachide et l'huile de sésame dans le wok. Faites revenir les oignons nouveaux avec le gingembre, l'ail et le piment pendant 2 min à feu vif, sans cesser de remuer.

4. Ajoutez le chou et faites-le sauter pendant 5 min à feu vif en mélangeant régulièrement. Versez la sauce soja, la sauce nuoc-mâm et la cassonade. Baissez le feu et laissez mijoter pendant 15 à 20 min, jusqu'à ce que le chou soit bien tendre.

5. Rectifiez l'assaisonnement et saupoudrez de graines de sésame grillées. Servez immédiatement en plat ou en accompagnement d'un poisson ou d'une viande blanche.

純正
胡麻油

ÉPINARDS, NOISETTES ET PARMESAN

Pour 4 personnes
25 min de préparation
15 min de cuisson

INGRÉDIENTS : 2 échalotes • 2 gousses d'ail • 2 carottes • 600 g d'épinards frais • 50 g de noisettes décortiquées • 3 cuil. à soupe d'huile d'olive • 2 branches de thym frais • 3 cuil. à soupe de crème fraîche • 2 cuil. à soupe de parmesan râpé • Sel, poivre

1. Préchauffez le four à 180 °C (th. 6). Épluchez et émincez finement les échalotes. Pelez et hachez les gousses d'ail, après avoir enlevé le germe. Épluchez les carottes et coupez-les en petits dés. Nettoyez les épinards et enlevez les tiges les plus épaisses.

2. Répartissez les noisettes sur la plaque du four recouverte de papier sulfurisé et enfournez pour 5 min de cuisson. Laissez tiédir les noisettes, puis frottez-les entre vos mains pour enlever la peau. Hachez-les grossièrement et réservez.

3. Faites chauffer 1 cuil. à soupe d'huile d'olive dans le wok avec 1 branche de thym. Ajoutez les dés de carottes et faites-les sauter à feu vif pendant 2 min, sans cesser de remuer. Ajoutez les échalotes et l'ail. Salez et poivrez, prolongez la cuisson de 2 min. Retirez les légumes du wok et réservez dans une assiette.

4. Faites chauffer 2 cuil. à soupe d'huile d'olive dans le wok avec la deuxième branche de thym. Ajoutez les épinards au fur et à mesure et faites-les cuire pendant environ 5 min à feu vif en mélangeant de temps en temps. Salez et poivrez.

5. Baissez le feu et ajoutez le reste des légumes, la crème et le parmesan. Mélangez délicatement, puis prolongez la cuisson de 2 min. Rectifiez l'assaisonnement et parsemez de noisettes hachées avant de servir.

PORTOBELLO BURGERS

Pour 4 personnes
25 min de préparation
15 min de cuisson
30 min de marinade

INGRÉDIENTS : 4 pains à hamburgers • 4 gros champignons portobello • 1 oignon rouge • 2 cuil. à soupe de vinaigre balsamique • 3 cuil. à soupe de sauce soja • ½ citron • 100 g de chèvre • 2 tomates • 1 avocat • Quelques feuilles de roquette • 80 ml d'huile d'olive **Pour la sauce :** 120 g de préparation culinaire à base de soja • 1 cuil. à café de crème de sésame noir • 1 gousse d'ail • ½ citron • Sel

1. Lavez les champignons et ôtez-en la queue. Épluchez l'oignon rouge et coupez-le en rondelles. Dans un récipient hermétique, mélangez l'huile d'olive, le vinaigre balsamique, la sauce soja et le jus du demi-citron. Placez-y les champignons et les rondelles d'oignon, et mélangez bien. Placez au réfrigérateur et laissez mariner pendant environ 30 min.

2. Dans une poêle chaude légèrement huilée, placez les oignons marinés et les champignons côté bombé vers le haut. Laissez cuire environ 5 min, retournez les champignons et garnissez-les de morceaux de chèvre. Laissez cuire encore 5 min jusqu'à ce que le chèvre soit fondu.

3. Préparez la sauce. Mélangez à l'aide d'une fourchette la préparation culinaire à base de soja, la crème de sésame noir, la gousse d'ail pressée et le jus du demi-citron. Salez.

4. Coupez les pains en deux et faites-les légèrement dorer au four. Etalez la sauce sur chaque côté puis placez quelques rondelles de tomate et d'oignon grillé, quelques lamelles d'avocat, quelques feuilles de roquette et le champignon au chèvre. Refermez le burger.

CHAMPIGNONS FARCIS AUX LÉGUMES

Pour 6 personnes
10 min de préparation
30 min de cuisson

INGRÉDIENTS : 6 gros champignons de Paris à farcir • 1 poivron rouge • 1 aubergine • 1 courgette • 2 gousses d'ail • 220 g de chèvre frais • 20 g de graines de lin • 3 brins de cerfeuil ciselés • 1 cuil. à soupe d'huile d'olive • 1 pincée de poivre

1. Préchauffez le four à 150 °C (th. 5). Nettoyez les champignons de Paris, retirez les pieds et mettez-les de côté.

2. Lavez le poivron, l'aubergine et la courgette, puis taillez-les en petits cubes. Épluchez les gousses d'ail et hachez-les.

3. Dans une poêle antiadhésive, faites dorer les légumes avec l'huile d'olive pendant 10 min. Ajoutez le poivre, le chèvre et les graines de lin, mélangez bien.

4. Déposez les champignons de Paris dans un plat allant au four, face bombée contre le plat, puis garnissez-les du mélange poêlé. Enfournez pour 20 min. Parsemez de cerfeuil ciselé et dégustez.

INFO NUTRITION

Les graines de lin sont riches en oméga-3 et ont un bon équilibre d'oméga-3 et d'oméga-6. Elles participent au bon fonctionnement des systèmes cardiovasculaire, cérébral, inflammatoire et hormonal.

CROQUETTES DE BROCOLI ET PARMESAN

Pour 4 personnes
20 min de préparation
1 h 05 de cuisson

MATÉRIEL
Cuit-vapeur

INGRÉDIENTS : 500 g de fleurettes de brocoli • 2 œufs • 100 g de chapelure • 60 g de parmesan • Sel, poivre
Pour la sauce : 1 pomme de terre • 1 gousse d'ail • 1 jaune d'œuf • 10 cl d'huile d'olive • 1 cuil. à café de curcuma en poudre • Sel, poivre

1. Faites cuire les fleurettes de brocoli à la vapeur pendant 15 min, jusqu'à ce qu'elles soient tendres. Écrasez-les grossièrement à la fourchette, ajoutez les œufs, la chapelure et le parmesan. Salez, poivrez et mélangez jusqu'à l'obtention d'une pâte homogène.

2. Préchauffez le four à 200 °C (th. 6-7). Prélevez de grosses cuillerées de pâte et disposez-les sur la plaque du four recouverte de papier sulfurisé. Enfournez pendant 30 min, en retournant les croquettes à mi-cuisson.

3. Pendant ce temps, préparez la sauce. Faites cuire la pomme de terre à la vapeur pendant 20 min. Écrasez-la à l'aide d'une cuillère en bois et ajoutez-y le jaune d'œuf et la gousse d'ail pressée. Salez et poivrez. Mélangez bien, puis incorporez petit à petit l'huile d'olive en continuant de remuer, jusqu'à ce que la sauce prenne. Ajoutez alors le curcuma en poudre. Servez avec les croquettes de brocoli chaudes.

INFO NUTRITION

L'ail est parfois difficile à digérer ; pour éviter ce désagrément, ôtez son germe avant de le presser.

LENTILLES ET QUINOA AUX PIGNONS DE PIN

Pour 6 personnes
30 min de préparation
30 min de cuisson

INGRÉDIENTS : 150 g de quinoa • 150 g de lentilles corail • 3 carottes • 1 courgette • 4 oignons nouveaux • 6 figues séchées • 1 cube de bouillon de légumes • 20 cl d'eau bouillante • 70 g de pignons de pin • 2 cuil. à soupe d'huile d'olive • 2 cuil. de mélange cinq-épices • 1 petit bouquet de persil plat • Sel, poivre

1. Rincez le quinoa et les lentilles. Versez-les dans la même casserole avec 3 fois leur volume d'eau. Portez à ébullition, puis baissez le feu et faites cuire à feu doux pendant 10 min. Égouttez et salez. Réservez dans un saladier.

2. Épluchez les carottes et coupez-les en petits dés. Lavez la courgette et coupez-la en petits cubes. Épluchez et émincez finement les oignons nouveaux. Enlevez la queue des figues séchées et coupez-les en petits morceaux. Diluez le cube de bouillon de légumes dans l'eau bouillante.

3. Faites chauffer le wok et faites dorer les pignons de pin à sec pendant 1 à 2 min. Retirez-les du wok et réservez.

4. Faites chauffer 2 cuil. à soupe d'huile d'olive dans le wok, puis faites revenir les carottes et les oignons nouveaux pendant 3 min à feu vif sans cesser de remuer. Saupoudrez du mélange cinq-épices et mélangez. Ajoutez les courgettes, salez et poivrez, puis prolongez la cuisson de 3 min.

5. Ajoutez les lentilles, le quinoa et les figues séchées. Versez le bouillon de légumes et laissez cuire à feu doux pendant 10 min en mélangeant régulièrement. Rectifiez l'assaisonnement et parsemez de feuilles de persil ciselées et de pignons de pin grillés avant de servir.

CHOU VERT FRISÉ ET LENTILLES CORAIL

Pour 4 personnes
30 min de préparation
25 min de cuisson

INGRÉDIENTS : 1 petit chou vert frisé • 150 g de lentilles corail • 1 échalote • 1 gousse d'ail • 2 cuil. à soupe d'huile d'olive • 50 cl de bouillon de légumes • 1 grenade • 1 citron • 1 pincée de paprika • 1 cuil. à café de miel • Sel, poivre **Pour la sauce au yaourt citronnée :** 1 fromage blanc 0 % de matières grasses ou 1 yaourt nature • 1 cuil. à caf. de jus de citron • 1 cuil. à café de moutarde • Sel, poivre • Fines herbes (ciboulette, basilic, herbes de Provence, aneth...) • Oignon ou échalote haché ou câpres.

1. Lavez le chou, retirez le pied et les premières feuilles. Hachez le chou en fines lamelles. Faites blanchir le chou pendant 1 min à l'eau bouillante salée.

2. Dans une casserole, faites revenir l'échalote et la gousse d'ail émincées dans 1 cuil. à soupe d'huile d'olive. Ajoutez les lentilles corail et le bouillon de légumes. Laissez mijoter pendant 12 min. Égouttez et réservez.

3. Prélevez les graines de grenade et mélangez-les avec les lentilles. Citronnez l'ensemble, salez, poivrez, ajoutez 1 cuil. à soupe d'huile d'olive, le paprika et le miel. Rajoutez enfin le chou et laissez mijoter pendant 10 min à couvert.

4. Préparez la sauce au yaourt citronnée en mélangeant tous les ingrédients dans un bol jusqu'à obtenir une texture homogène.

5. Servez avec la sauce au yaourt citronnée. Dégustez.

ASTUCE

Il est plus facile de prélever les graines de grenade dans un saladier rempli d'eau.

INFO NUTRITION

Le chou vert, comme les autres choux, est riche en fibres et en antioxydants. La grenade ajoute une touche d'antioxydants et de couleur. Elle possède un indice ORAC de 4 479.

VELOUTÉ DE PETITS POIS, TARTINES DE BROUSSE

Pour 2 personnes
10 min de préparation
15 à 20 min de cuisson

MATÉRIEL
Blender

INGRÉDIENTS : 350 g de petits pois • 2 cuil. à soupe de gingembre râpé • 1 cuil. à café d'ail râpé • 3 feuilles de menthe + 2 feuilles pour la décoration • 1 pincée de bicarbonate • 1 filet de miel • 2 pincées de sel • 2 pincées de poivre • 2 cuil. à soupe d'huile d'olive **Pour les tartines :** 2 tranches de pain de campagne • 4 cuil. à soupe de brousse • 2 radis • 1 poignée de graines germées • 1 poignée de roquette • 2 filets d'huile d'olive • Sel, poivre

1. Versez l'huile d'olive dans une cocotte et faites-y revenir le gingembre râpé et l'ail pendant quelques minutes. Ajoutez les petits pois, la menthe et le bicarbonate puis couvrez d'eau. Portez à ébullition, ajoutez le miel, salez et poivrez. Laissez cuire pendant 15 à 20 min.

2. Versez dans un blender en réservant un peu de bouillon et mixez en velouté. Rajoutez du bouillon si nécessaire, salez et poivrez.

3. Passez les tranches de pain dans le grille-pain. Tartinez-les d'une bonne couche de brousse. Coupez les radis en rondelles et parsemez-en la brousse, ajoutez 1 touffe de graines germées et parsemez de roquette. Versez 1 filet d'huile d'olive, salez et poivrez. Dégustez chaud.

VARIANTE

Remplacez la brousse par du fromage de chèvre frais.

VELOUTÉ DE LÉGUMES AU CHÈVRE FRAIS

Pour 4 personnes
20 min de préparation
28 min de cuisson

MATÉRIEL
Cuit-vapeur
4 petites cocottes

INGRÉDIENTS : 1 morceau de potiron (environ 200 g/personne) • 8 carottes • 8 cuil. à soupe de ricotta • 4 poignées de noisettes • 2 cuil. à soupe de graines de sésame • Sel, poivre **Pour la pâte à crumble :** 1 cuil. à soupe de farine de châtaigne • 1 cuil. à soupe de farine de riz • 2 cuil. à soupe de chapelure • 50 g de beurre ramolli • Quelques feuilles de coriandre • Sel, poivre

1. Préchauffez le four à 180 °C (th. 6). Épluchez et coupez le potiron en petits morceaux. Épluchez et coupez les carottes en rondelles. Faites cuire pendant 8 min à la vapeur. Réservez.

2. Pendant ce temps, préparez la pâte à crumble en mélangeant les farines avec la chapelure et le beurre ramolli coupé en morceaux. Mélangez du bout des doigts pour obtenir une pâte friable. Ajoutez ensuite le sel, le poivre et les feuilles de coriandre hachées.

3. Dans une petite cocotte, déposez un peu de carottes, un peu de potiron et 2 cuil. à soupe de ricotta. Puis ajoutez les noisettes écrasées, et 1 moitié de cuil. à soupe de graines de sésame. Répartissez la pâte à crumble par dessus. Renouvelez l'opération sur les 3 autres cocottes et enfournez pour 20 min.

4. Servez et dégustez.

SOUPE FROIDE DE CAROTTES AU CUMIN

Pour 4 personnes
15 min de préparation
35 min de cuisson

INGRÉDIENTS : 600 g de carottes • 7 cl de bouillon de légumes • 2 gousses d'ail • 1 cuil. à café de cumin en poudre • 2 oranges • 2 cuil. à soupe d'huile d'olive • Cerfeuil • Sel, poivre

1. Lavez les carottes, épluchez-les et découpez-les en petits morceaux. Mettez-les dans une casserole avec le bouillon de légumes, l'ail émincé, le cumin et l'huile d'olive. Laissez cuire à feu moyen pendant 35 min.

2. Pressez les oranges et ajoutez le jus dans une casserole. Laissez réduire à feu doux jusqu'à obtenir un aspect sirupeux. Ajoutez ce sirop aux carottes et poursuivez la cuisson pendant 5 min à feu doux. Salez et poivrez.

3. Réservez au réfrigérateur. Disposez frais dans les assiettes, décorez de cerfeuil et dégustez.

INFO NUTRITION

Faites le plein d'énergie et d'antioxydants avec cette soupe. Le cumin a un indice ORAC de 50 372, ce qui lui confère des propriétés antioxydantes très intéressantes, et la carotte est riche en bêta-carotène.

2

ÉTÉ

SALADE TIÈDE DE HARICOTS VERTS ET NEMS VEGGIE

Pour 2 personnes
20 min de préparation
30 min de cuisson

MATÉRIEL
Râpe
Cuit-vapeur

INGRÉDIENTS : 200 g de haricots verts • 1 cuil. à café de graines de sésame • 1 cuil. à soupe de tahin ou purée de sésame • 2 cuil. à soupe de jus de citron • 1 cuil. à soupe de sauce soja • 1 cuil. à soupe de vinaigre de vin • 2 cuil. à soupe de coriandre ciselée • 1 cuil. à soupe d'huile de sésame • Sel, poivre **Pour les nems veggie :** ½ oignon • 1 carotte • 1 petite courgette • 6 feuilles de riz • 4 cuil. à soupe de graines germées • Huile de tournesol

1. Équeutez les haricots verts, enlevez les fils puis lavez-les à l'eau claire. Faites-les cuire pendant 15 min à la vapeur. Versez l'huile de sésame dans une poêle et faites-y revenir les haricots verts pendant 2 min. Déposez-les dans un plat et saupoudrez de graines de sésames.

2. Émulsionnez le tahin avec le jus de citron, la sauce soja et le vinaigre de vin. Salez et poivrez. Versez les ¾ de la sauce sur les haricots verts et ajoutez la coriandre ciselée.

3. Préparez les nems veggie. Lavez les légumes et épluchez-les. Râpez-les à la grosse râpe. Versez l'huile de tournesol dans une poêle et faites-y revenir les légumes pendant 7 à 8 min.

4. Humidifiez les feuilles de riz. Ajoutez des graines germées et des légumes. Rabattez les côtés vers le centre et roulez la feuille de riz sur elle-même.

5. Faites chauffer de l'huile de tournesol dans une poêle et faites-les griller. Égouttez les nems sur du papier absorbant. Dégustez avec le reste de sauce et les haricots verts au sésame.

SALADE DE LÉGUMES ET YAOURT DE CHÈVRE

Pour 2 personnes
10 min de préparation
40 min de cuisson

MATÉRIEL
Mixeur

INGRÉDIENTS : 1 aubergine • 2 courgettes • 1 poivron vert • 1 poivron rouge • 2 branches de tomates cerise • 1 filet de vinaigre balsamique • 1 pincée de piment d'Espelette • 1 cuil. à soupe de thym frais • 60 g de pignons de pin • 1 filet d'huile d'olive **Pour le yaourt de chèvre :** 1 gousse d'ail pelée • 3 cuil. à soupe de basilic haché • 2 yaourts de chèvre • 1 poignée de roquette • 1 cuil. à soupe d'huile d'olive • Sel, poivre

1. Lavez les légumes. Coupez l'aubergine et les courgettes en tranches fines. Coupez les poivrons en lanières. Déposez les légumes sur une plaque allant au four. Préchauffez le four à 180 °C (th. 6). Arrosez d'huile d'olive, ajoutez 1 filet de vinaigre balsamique, 1 pincée de piment d'Espelette, 1 pincée de sel et 1 pincée de poivre, et parsemez de thym frais. Enfournez pour 20 min.

2. Sortez la plaque du four. Retournez les légumes et déposez les branches de tomates cerise sur le dessus. Enfournez à nouveau pour 15 min puis 5 min.

3. Préparez le yaourt de chèvre. Mettez la gousse d'ail, 2 cuil. à soupe de basilic et l'huile d'olive dans un mixeur. Mixez en crème. Versez dans un bol et ajoutez les yaourts de chèvre. Mélangez, salez et poivrez.

4. Faites griller à sec les pignons de pin dans une poêle. Mettez les légumes dans deux assiettes, parsemez de basilic frais. Ajoutez la roquette, les pignons de pin grillés et dégustez avec la crème de yaourt.

VARIANTE

Ajoutez des olives noires dans les légumes et 1 poignée de pois chiches.

SALADE ESTIVALE

Pour 4 personnes
15 min de préparation

INGRÉDIENTS : 1 concombre • 2 avocats • 5 tomates • 200 g de feta • Une vingtaine d'olives noires • Quelques feuilles de laitue **Pour la vinaigrette :** 2 cuil. à soupe de vinaigre de cidre • 6 cuil. à soupe d'huile d'olive • 2 cuil. à café de moutarde à l'ancienne • 2 cuil. à café de spiruline en poudre • 1 échalote • Sel

1. Épluchez le concombre et les avocats. Coupez-les en morceaux ainsi que les tomates et la feta. Ajoutez les olives noires dénoyautées et coupées en deux ainsi que les feuilles de laitue. Mettez le tout dans un saladier.

2. Préparez la vinaigrette. Dans un bol, versez le vinaigre de cidre et salez. Ajoutez l'huile d'olive, la moutarde et la spiruline. Mélangez bien à l'aide d'une fourchette jusqu'à ce que le mélange soit homogène. Ajoutez ensuite l'échalote émincée et versez la vinaigrette sur la salade. Dégustez frais.

INFO NUTRITION

La spiruline est une micro-algue très riche en protéines (50 à 70 %), en oméga-3, calcium, fer et composés antioxydants.

TARTE LÉGUMES, CURCUMA ET CRESSON

Pour 4 personnes
20 min de préparation
30 à 35 min de cuisson

MATÉRIEL
Mandoline

INGRÉDIENTS : 1 pâte feuilletée pur beurre • 20 cl de crème fleurette • 3 œufs • 1 cuil. à soupe de curcuma • 120 g de comté • 2 courgettes vertes • 2 courgettes jaunes • 2 carottes • 1 grosse betterave • 1 botte de cresson • 1 cuil. à café de poivre

1. Étalez la pâte feuilletée dans un moule à tarte.

2. Versez la crème dans un bol, ajoutez les œufs, le curcuma et le poivre, fouettez vivement. Déposez le comté sur le fond de tarte. Lavez les légumes, épluchez-les. Détaillez-les à la mandoline en grandes tranches fines.

3. Préchauffez le four à 180 °C (th. 6). Étalez la crème sur le fond de tarte. Enroulez les tranches de légumes sur elles-mêmes et posez-les sur le fond de tarte les unes à côté des autres. Enfournez pour 30 à 35 min.

4. Lavez le cresson et séchez-le. Servez la tarte parsemée de cresson, dégustez immédiatement.

VARIANTE

Remplacez le curcuma par de la noix muscade, du macis ou du basilic frais.

TARTE AUX COURGETTES ET TAPENADE

Pour 4 personnes
30 min de préparation
1 h de repos
35 à 40 min de cuisson

INGRÉDIENTS : 200 g de farine • 1 pincée de sel • 90 g de beurre froid • 1 œuf • 2 cuil. à soupe d'eau glacée • 2 courgettes • 2 oignons frais • 4 cuil. à soupe de tapenade d'olives violettes • Poivre du moulin

1. Préparez la pâte brisée. Mélangez la farine et le sel puis ajoutez le beurre coupé en cubes. Pressez du bout des doigts les morceaux de beurre en les enveloppant de farine puis frottez tous les ingrédients entre vos mains jusqu'à ce que le tout devienne une poudre fine proche du sable. Ajoutez ensuite l'œuf préalablement battu avec l'eau, pétrissez rapidement et formez une boule. Laissez reposer 1 h au réfrigérateur.

2. Pendant ce temps, lavez puis coupez les courgettes en fines lamelles à l'aide d'une mandoline. Lavez et ciselez les oignons frais.

3. Préchauffez le four à 180 °C (th. 6). Sortez la pâte du réfrigérateur, farinez le plan de travail puis étalez la pâte sur une épaisseur d'environ 3 mm en forme de disque ou de rectangle. Déposez-la sur une plaque de four recouverte de papier sulfurisé. Piquez le fond de tarte avec une fourchette, badigeonnez la surface de tapenade, recouvrez de lamelles de courgettes et d'oignons frais. Versez sur les courgettes un filet d'huile d'olive et poivrez. Enfournez pendant 35 à 40 min le temps que la pâte dore. Découpez des parts et dégustez.

TOURTES DE BLETTES

Pour 4 personnes
25 min de préparation
45 min de cuisson

INGRÉDIENTS : 1 kg de feuilles de blettes • 300 g de chair à saucisse • 1 oignon • 1 gousse d'ail • 2 pâtes feuilletées • 1 jaune d'œuf • 1 cuil. à soupe d'huile d'olive • Sel et poivre du moulin

1. Nettoyez les feuilles de blettes et coupez la base du pied. Faites bouillir un grand volume d'eau salée, plongez-y les feuilles de blettes et faites cuire pendant 15 min. Égouttez-les, pressez-les pour retirer au maximum l'eau puis hachez-les avec un grand couteau.

2. Pelez et hachez l'oignon et la gousse d'ail. Dans une poêle, faites suer l'oignon avec l'huile d'olive et une pincée de sel. Ajoutez ensuite la chair à saucisse et faites dorer pendant 5 min. Ajoutez l'ail et les blettes poursuivez la cuisson pendant 3 min. Laissez le mélange refroidir à température ambiante pendant environ 15 min.

3. Préchauffez le four à 180 °C (th. 6). Découpez 4 disques de pâte à la taille des moules et 4 autres d'un diamètre supérieur. Garnissez des moules à tartelettes avec les disques de pâte (les plus grands), remplissez de garniture aux blettes et chair à saucisse puis recouvrez de disques de pâte (les plus petits). Appuyez bien sur les bords pour souder les pâtes entre elles, coupez l'excédent de pâte. Battez l'œuf et badigeonnez le dessus des tourtes puis percez une cheminée au milieu avec la pointe d'un couteau. Enfournez les petites tourtes pour 30 min. Dégustez chaud.

TIAN DE LÉGUMES ET CRUMBLE

Pour 2 personnes
10 min de préparation
1 h 10 de cuisson

INGRÉDIENTS : 4 tomates • 1 aubergine • 2 courgettes • 2 oignons • 2 gousses d'ail • 1 cuil. à soupe de thym frais • Huile d'olive • Sel, poivre **Pour le crumble :** 50 g de flocons d'avoine • 50 g de farine • 50 g de parmesan râpé • 50 g de noisettes grossièrement concassées • 1 cuil. à soupe de moutarde • 5 à 6 cuil. à soupe d'huile d'olive

1. Lavez les légumes. Épluchez les oignons et coupez-les en rondelles. Épluchez les gousses d'ail. Frottez un plat à gratin avec 1 gousse puis hachez le reste.

2. Préchauffez le four à 180 °C (th. 6). Alternez les rondelles de légumes dans le plat à gratin. Arrosez d'huile d'olive, salez, poivrez, ajoutez l'ail et le thym. Enfournez pour environ 40 min.

3. Préparez le crumble. Mettez dans un saladier les flocons d'avoine, la farine, le parmesan, les noisettes, la moutarde et mélangez. Ajoutez l'huile d'olive et mélangez du bout des doigts en grosse pâte sableuse. Déposez la préparation sur une plaque allant au four et enfournez pour 30 min. Dégustez le tian de légumes parsemé de crumble.

VARIANTE

Remplacez l'huile d'olive par du beurre dans le crumble et ajoutez du thym dans la préparation.

AUBERGINES À LA PARMESANE

Pour 4 personnes
10 min de préparation
1 h de cuisson

INGRÉDIENTS : 2 aubergines • 3 tomates • 1 oignon • 2 gousses d'ail • 1 cuil. à café de sucre roux • 2 cuil. à soupe d'origan frais • 50 cl de passata de tomates • 100 g de parmesan râpé • 1 boule de mozzarella • 1 cuil. à soupe d'origan pour le dessus • Huile d'olive • Sel, poivre

1. Préchauffez le four à 180 °C (th. 6). Lavez les aubergines, coupez les extrémités et détaillez-les en tranches fines dans la longueur. Déposez les tranches sur une plaque allant au four couverte de papier sulfurisé et ajoutez 1 filet d'huile d'olive. Enfournez-les pour 15 min puis retournez-les et laissez-les griller pendant encore 15 min.

2. Lavez les tomates et coupez-les en petits morceaux. Épluchez l'oignon et les gousses d'ail et hachez-les grossièrement.

3. Faites chauffer une poêle avec de l'huile d'olive et faites-y blondir l'oignon haché. Ajoutez l'ail, les tomates en morceaux, le sucre, l'origan et la passata. Laissez mijoter pendant environ 20 min jusqu'à ce que la préparation ait une consistance de coulis légèrement épais. Salez et poivrez.

4. Versez un peu de coulis dans le fond du plat. Ajoutez les aubergines en les plaçant les unes à côté des autres, saupoudrez de parmesan et faites ainsi de suite jusqu'à l'épuisement des ingrédients. Coupez la mozzarella en fines lamelles et déposez-les sur le dessus. Saupoudrez du reste de parmesan, ajoutez de l'origan et 1 filet d'huile d'olive. Poivrez et enfournez pour 30 à 35 min. Dégustez chaud accompagné d'une salade verte.

VARIANTES

Pimentez la préparation avec du piment d'Espelette.
Remplacez l'origan par du thym, du romarin ou du basilic.

AUBERGINES GRILLÉES, FIGUES ET MOZZA

Pour 4 personnes
15 min de préparation
47 min de cuisson

INGRÉDIENTS : 2 petites aubergines • 1 gousse d'ail • 5 cuil. à soupe d'huile d'olive • 3 figues • 1 boule de mozzarella de bufflonne • 1 douzaine de tomates cerise grappe • 3 brins de basilic • 2 cuil. à soupe de crème de vinaigre balsamique • Sel, poivre du moulin

1. Préchauffez le four à 180 °C (th. 6). Pelez et hachez très finement la gousse d'ail, mélangez-la ensuite avec 3 cuil. à soupe d'huile d'olive. Coupez les aubergines en deux dans le sens de la longueur, badigeonnez-les à l'aide d'un pinceau d'huile parfumée à l'ail. Déposez les aubergines sur une plaque de four recouverte de papier sulfurisé. Enfournez pour 35 min.

2. Pendant ce temps, lavez et coupez en deux les tomates cerise. Dans une poêle chaude, faites revenir les tomates cerise pendant 2 min à feu vif avec le reste d'huile parfumée à l'ail. Effeuillez le basilic. Égouttez la boule de mozzarella puis pressez-la légèrement dans une feuille de papier absorbant avant de la couper en tranches. Taillez les figues en quatre.

3. Sortez les aubergines du four, disposez dessus quelques morceaux de figues, des tranches de mozzarella et des tomates cerise. Arrosez d'un filet d'huile d'olive, salez et poivrez. Enfournez à nouveau pour 10 min. À la sortie du four, parsemez de feuilles de basilic grossièrement ciselées, arrosez d'un filet de crème de vinaigre de balsamique et dégustez chaud.

BEIGNETS D'AUBERGINES AU PECORINO

Pour 4 personnes
15 min de préparation
15 min de cuisson

INGRÉDIENTS : 2 aubergines • 50 g de farine • 50 g de fécule de maïs • 20 cl d'eau froide • 80 g de pecorino râpé • 1 l d'huile de friture • Sel, poivre du moulin

1. Lavez, séchez et coupez en rondelles les aubergines. Dans un saladier mélangez la farine avec la fécule puis versez petit à petit l'eau très froide en l'incorporant à l'aide d'un fouet, vous devez obtenir une pâte lisse et homogène. Versez ensuite le pecorino râpé et remuez bien.

2. Dans une grande casserole, faites chauffer l'huile de friture puis trempez les rondelles d'aubergines une par une dans la pâte et plongez-les directement dans le bain d'huile. Faites frire pendant 5 min jusqu'à ce qu'elles soient bien dorées. Égouttez-les sur des feuilles de papier absorbant. Salez et poivrez. Dégustez aussitôt.

LÉGUMES D'ÉTÉ CONFITS À L'AIL ET BROUSSE

Pour 6 personnes
15 min de préparation
2 h de cuisson

INGRÉDIENTS : 6 tomates • 2 aubergines • 2 courgettes • 2 poivrons • 2 fenouils • 1 tête d'ail • 2 cuil. à soupe de thym frais haché • 300 g de brousse • 2 cuil. à soupe de menthe fraîche ciselée • 2 cuil. à soupe de coriandre fraîche ciselée • 2 cuil. à soupe de ciboulette fraîche ciselée • 120 g de pignons de pin • 2 oignons nouveaux • Huile d'olive • Sel, poivre

1. Préchauffez le four à 180 °C (th. 6). Rincez les légumes à l'eau froide et coupez-les grossièrement en morceaux. Mettez-les sur une plaque de four.

2. Détachez les gousses de la tête d'ail. Ajoutez les gousses en chemise et le thym sur la plaque. Arrosez-les de 4 cuil. à soupe d'huile d'olive, salez, poivrez et enfournez pour 2 h. Remuez régulièrement.

3. Dans un bol, mélangez la brousse avec les herbes ciselées. Faites griller les pignons de pin à sec dans une poêle. Coupez les oignons nouveaux en petits morceaux.

4. Lorsque les légumes sont confits, couvrez-les de brousse, ajoutez les oignons et les pignons de pin. Rectifiez l'assaisonnement si nécessaire puis servez immédiatement.

VARIANTES

Au bout de 1 h de cuisson, arrosez de 1 filet de vinaigre balsamique. Remplacez la brousse par de la ricotta ou un fromage de chèvre frais ou de brebis frais. Ajoutez des olives noires.

AUBERGINES, GRENADE ET SAUCE AU SÉSAME

Pour 6 personnes
15 min de préparation
30 min de cuisson

INGRÉDIENTS : 6 petites aubergines • 1 cuil. à soupe de thym frais haché • 1 grenade • 100 g de noix de cajou 1 cuil. à soupe de coriandre fraîche ciselée • Huile d'olive • Sel, poivre **Pour la sauce au sésame :** 2 yaourts nature • 2 cuil. à soupe de purée de sésame • 1 cuil. à soupe d'ail ciselé • 1 cuil. à soupe de jus de citron • 2 cuil. à soupe de coriandre fraîche ciselée

1. Préchauffez le four à 180 °C (th. 6). Coupez les aubergines en deux, incisez leur chair à l'aide d'un couteau et déposez-les sur une plaque de four. Badigeonnez-les d'huile d'olive à l'aide d'un pinceau de cuisine, ajoutez du thym, salez et poivrez. Enfournez pour 30 min.

2. Préparez la sauce au sésame. Versez les yaourts nature dans un bol, ajoutez la purée de sésame, l'ail ciselé, le jus de citron et la coriandre. Mélangez jusqu'à obtenir une sauce onctueuse et homogène.

3. Ouvrez la grenade et prélevez-en les graines. Faites griller les noix de cajou à sec dans une poêle. Lorsque les aubergines sont cuites, enduisez-les de sauce au sésame, parsemez-les de graines de grenade, de noix de cajou grillées et de coriandre. Rectifiez l'assaisonnement si nécessaire et dégustez sans attendre.

VARIANTE

Remplacez la sauce au sésame par une sauce aux tomates fraîches, à l'ail et au basilic.

AUBERGINES AU MIEL, FETA, NOIX ET ROQUETTE

Pour 6 personnes
15 min de préparation
40 min de cuisson

INGRÉDIENTS : 6 aubergines • 6 cuil. à soupe de miel liquide • 2 blocs de feta • 1 bouquet de basilic • 70 g de cerneaux de noix • 150 g de roquette • Vinaigre de xérès • 6 cuil. à soupe d'huile d'olive • Sel, poivre

1. Préchauffez le four à 200 °C (th. 6-7). Coupez les aubergines en rondelles et déposez-les sur une plaque de four.

2. Dans un bol, mélangez le miel liquide et l'huile d'olive, et versez la moitié de ce mélange sur les aubergines. Enfournez pour 15 min. Retournez les rondelles, arrosez-les du reste d'huile d'olive au miel et enfournez pour 15 min supplémentaires.

3. Coupez la feta en morceaux. Effeuillez le bouquet de basilic. Sur chaque rondelle d'aubergine, déposez 1 feuille de basilic et 1 morceau de feta. Parsemez de cerneaux de noix. Enfournez pour 10 min supplémentaires.

4. Au moment de servir, ajoutez la roquette, 1 filet de vinaigre de xérès, salez et poivrez.

PAPILLOTE DE LÉGUMES, SEMOULE ET ROMARIN

Pour 4 personnes
20 min de préparation
40 à 45 min de cuisson

INGRÉDIENTS : 2 petites aubergines • 3 courgettes • 1 oignon rouge • 4 tomates • 50 g d'amandes blanches • 20 g de raisins secs • 2 brins de romarin • 1 verre de semoule • 1 cuil. à soupe de ras-al-hanout • 1 cuil. à café de cumin en poudre • 1 verre de bouillon de légumes • 50 g de pignons de pin • 3 cuil. à soupe de coriandre fraîche ciselée • Huile d'olive • Sel, poivre

1. Préchauffez le four à 180 °C (th. 6). Lavez les légumes. Tranchez les aubergines en rondelles puis coupez ces rondelles en quatre. Détaillez les courgettes en fines rondelles. Épluchez l'oignon rouge et hachez-le. Coupez les tomates en six.

2. Préparez une papillote. Couvrez une plaque de four d'une grande feuille de papier sulfurisé (ou papier papillote). Déposez les légumes au centre puis ajoutez les amandes blanches, les raisins secs et le romarin. Versez la semoule puis rabattez les bords pour préparer la fermeture de la papillote.

3. Mélangez les épices au bouillon de légumes et versez-le dans la papillote. Fermez la papillote hermétiquement. Enfournez pour 40 à 45 min.

4. Faites griller les pignons de pin à sec dans une poêle. Ouvrez la papillote, ajoutez 1 filet d'huile d'olive, salez et poivrez. Au moment de servir, répartissez les pignons de pin grillés dessus et parsemez de coriandre. Dégustez bien chaud.

VARIANTES

Ajoutez dans la papillote des pois chiches, un citron confit et/ou des fruits secs.

BROCHETTES DE LÉGUMES CARAMÉLISÉS

Pour 4 personnes
15 min de préparation
35 à 40 min de cuisson

MATÉRIEL
8 piques à brochettes

INGRÉDIENTS : 4 tomates • 2 courgettes • 2 poivrons jaunes • 1 oignon rouge • 2 à 3 cuil. à soupe de vinaigre balsamique blanc • 4 tranches de pain • 1 cuil. à soupe d'origan • 1 sachet de pousses de salade • Huile d'olive • Sel, poivre

1. Trempez les piques dans l'eau pour éviter qu'elles brûlent lors de la cuisson. Préchauffez le four à 180 °C (th. 6).

2. Coupez les tomates en six, les courgettes en rondelles de 1 cm d'épaisseur et les poivrons en tranches. Épluchez l'oignon rouge et coupez-le en rondelles.

3. Piquez les légumes sur les piques à brochettes en alternant morceaux de tomates, rondelles de courgettes et d'oignon et lamelles de poivrons. Déposez les brochettes sur une plaque de four. Arrosez-les de 1 filet d'huile d'olive et de vinaigre balsamique blanc. Salez et poivrez. Enfournez pour 25 min.

4. Badigeonnez les 2 faces des tranches de pain d'huile d'olive à l'aide d'un pinceau de cuisine. Coupez-les en frites. Sortez la plaque du four, déposez-y les frites de pain, parsemez-les d'origan, salez et poivrez. Enfournez pour 10 à 15 min supplémentaires.

5. À la sortie du four, ajoutez les pousses de salade. Versez 1 filet d'huile d'olive, rectifiez l'assaisonnement si nécessaire puis dégustez.

VARIANTES

Remplacez les tomates par des mini-tomates de couleurs différentes ou les poivrons jaunes par un mélange de poivrons.
Choisissez également des légumes de saison.

COURGETTES FARCIES ET COULIS DE PISTOU

Pour 6 personnes
15 min de préparation
30 à 35 min de cuisson

MATÉRIEL
Mixeur
Mandoline

INGRÉDIENTS : 3 grandes courgettes • 6 tomates confites • 12 olives noires dénoyautées • 2 paquets de céréales précuites • 3 échalotes ciselées • 2 cuil. à soupe d'origan • 4 cuil. à soupe de pignons de pin • 1 carotte • 1 petit concombre • Huile d'olive • Sel, poivre **Pour le pistou :** 1 bouquet de basilic • 2 gousses d'ail • 1 petite tomate • Huile d'olive • Sel

1. Préchauffez le four à 180 °C (th. 6). Coupez les courgettes en deux dans le sens de la longueur. Videz-en la chair et mettez-la dans un saladier. Coupez les tomates confites en morceaux et les olives noires en deux. Ajoutez les céréales précuites, les tomates confites, les olives, les échalotes et l'origan dans le saladier. Mélangez et incorporez 4 cuil. à soupe d'huile d'olive, puis salez et poivrez.

2. Garnissez les courgettes de cette farce. Déposez-les sur une plaque de four et enfournez pour 30 à 35 min. À mi-cuisson, couvrez les courgettes d'une feuille de papier d'aluminium.

3. Préparez le pistou. Effeuillez le bouquet de basilic et mettez les feuilles dans la cuve du mixeur. Ajoutez les gousses d'ail épluchées. Passez la tomate sous l'eau chaude pour la peler plus facilement, ôtez-en la peau et mettez-la dans la cuve. Salez. Mixez en versant de l'huile d'olive peu à peu, jusqu'à obtenir une pâte onctueuse.

4. Faites griller les pignons de pin à sec dans une poêle. Tranchez finement la carotte et le concombre à l'aide d'une mandoline. À la sortie du four, ôtez la feuille de papier d'aluminium. Déposez un peu de pistou et des pignons de pin sur les courgettes farcies. Disposez les chips de légumes autour des courgettes. Salez et poivrez si nécessaire, et dégustez.

TOMATES, POIVRONS ET SAUCE CHERMOULA

Pour 6 personnes
20 min de préparation
35 à 40 min de cuisson

INGRÉDIENTS : 8 tomates • 8 poivrons • 3 tranches de pain • 300 g de cottage cheese • 1 cuil. à soupe de thym frais haché • Huile d'olive **Pour la chermoula :** 2 bouquets de coriandre • 1 bouquet de persil plat • 5 gousses d'ail • 2 cuil. à soupe de paprika • 1 cuil. à soupe de cumin en poudre • 1 pincée de piment fort • ½ verre de vinaigre de vin • 4 cuil. à soupe d'huile d'olive • Sel, poivre

1. Préchauffez le four à 180 °C (th. 6). Épluchez les tomates et les poivrons. Coupez-les en quatre. Épépinez les poivrons. Coupez à nouveau les poivrons en deux. Déposez les légumes sur une plaque de four et enfournez pour environ 10 min.

2. Pendant ce temps, préparez la chermoula. Effeuillez les bouquets de coriandre et de persil plat. Épluchez les gousses d'ail. Dans un mortier, écrasez la coriandre, le persil plat et l'ail à l'aide d'un pilon. Ajoutez un peu d'eau et du sel. Ajoutez ensuite le paprika, le cumin en poudre, le piment fort, le vinaigre de vin et l'huile d'olive. Poivrez et mélangez.

3. Versez le mélange sur les légumes et enfournez pour 25 à 30 min supplémentaires. En cours de cuisson, mélangez et ajoutez régulièrement un peu d'eau pour que la chermoula ne brûle pas.

4. Environ 10 min avant la fin de la cuisson, coupez les tranches de pain en cubes et ajoutez-les sur la plaque. Arrosez de 1 filet d'huile d'olive. Dégustez chaud ou froid ; au moment de servir, ajoutez le cottage cheese et parsemez de thym.

VARIANTE

Ajoutez des courgettes coupées en rondelles.

COURGETTES FARCIES AU CHÈVRE FRAIS

Pour 6 personnes
10 min de préparation
30 à 35 min de cuisson

INGRÉDIENTS : 6 petites courgettes • 500 g de fromage de chèvre frais • 150 g de tapenade • 70 g de pignons de pin • 4 cuil. à soupe de basilic frais haché • 120 g d'olives noires • Huile d'olive • Sel, poivre

1. Préchauffez le four à 180 °C (th. 6). Lavez les courgettes, coupez-les en deux dans le sens de la longueur et disposez-les sur une plaque de four. Incisez leur chair à l'aide d'un couteau, versez 1 filet d'huile d'olive sur chaque demi-courgette, salez et poivrez. Enfournez pour 25 min, un peu plus si elles sont grandes.

2. Dans un bol, mélangez le fromage de chèvre frais à la tapenade, salez et poivrez. Enduisez les courgettes de cette préparation, ajoutez les pignons de pin et enfournez pour 5 à 10 min supplémentaires.

3. Parsemez de basilic, décorez d'olives noires et servez aussitôt.

PETITS FARCIS PROVENÇAUX

Pour 6 personnes
30 min de préparation
35 à 40 min de cuisson

MATÉRIEL
Mixeur

INGRÉDIENTS : 3 courgettes rondes • 3 tomates • 3 petits poivrons de couleurs différentes • 3 oignons rouges • 3 gousses d'ail • 5 cuil. à soupe de persil plat frais haché • 5 cuil. à soupe de basilic frais ciselé • 1 cuil. à soupe d'herbes de Provence • 300 g de brousse • 50 g de pignons de pin • Huile d'olive • Sel, poivre **Pour la compotée d'olives noires au thym :** 400 g d'olives noires dénoyautées • 400 g de cassonade • 3 cuil. à soupe de thym • 1 cuil. à soupe de miel de thym • 1 pincée de poivre

1. Préchauffez le four à 180 °C (th. 6). Lavez les légumes. Coupez des chapeaux aux courgettes, aux tomates, aux poivrons et aux oignons. Prélevez délicatement la chair des courgettes, des oignons et des tomates. Retirez les membranes et les pépins des poivrons.

2. Portez une casserole d'eau à ébullition et faites-y blanchir les oignons pendant 6 min et égouttez-les. Épluchez les gousses d'ail.

3. Mixez la chair des légumes. Ajoutez les gousses d'ail, le persil plat, le basilic, les herbes de Provence et 1 filet d'huile d'olive. Salez, poivrez et mixez à nouveaux. Ajoutez la brousse et les pignons de pin puis mélangez jusqu'à obtenir une farce homogène.

4. Farcissez les légumes, déposez-les sur une plaque de four, remettez les chapeaux et arrosez-les d'huile d'olive. Versez 1 verre d'eau sur la plaque. Enfournez pour 35 à 40 min.

5. Préparez la compotée. Portez une casserole d'eau à ébullition et faites-y blanchir les olives noires pendant 2 min. Rafraîchissez-les puis renouvelez l'opération. Réservez les olives.

6. Videz la casserole puis versez-y la cassonade, et ajoutez 20 cl d'eau. Faites chauffer à petits bouillons. Hachez les olives puis mettez-les dans la casserole. Ajoutez le thym, le miel de thym, le poivre et laissez cuire à petits bouillons en mélangeant régulièrement pendant environ 30 min. Servez la compotée d'olives avec les petits farcis.

RATATOUILLE CROQUANTE

Pour 4 à 6 personnes
25 min de préparation
25 min de cuisson

INGRÉDIENTS : 2 courgettes • 1 aubergine • 1 poivron vert • 1 poivron rouge • 3 tomates • 2 oignons • 2 gousses d'ail • 4 cuil. à soupe d'huile d'olive • 2 branches de thym • 3 feuilles de laurier • 1 branche de romarin • Sel, poivre

1. Lavez les légumes. Coupez les courgettes et les aubergines en petits dés. Videz les poivrons et coupez-les en fines lanières. Coupez les tomates en huit quartiers.

2. Épluchez et émincez finement les oignons. Pelez et hachez les gousses d'ail, après avoir enlevé le germe.

3. Faites chauffer 1 cuil. à soupe d'huile d'olive dans le wok et faites revenir les courgettes à feu vif pendant 5 min, sans cesser de remuer. Salez et poivrez. Réservez dans une assiette. Renouvelez l'opération avec les aubergines, puis avec les poivrons, en ajoutant à chaque fois 1 cuil. à soupe d'huile d'olive dans le wok et en assaisonnant.

4. Faites chauffer 1 cuil. à soupe d'huile d'olive dans le wok. Ajoutez les oignons, l'ail, les tomates, le thym, le laurier et le romarin. Faites cuire pendant 5 min en mélangeant régulièrement. Salez et poivrez.

5. Ajoutez les courgettes, les poivrons et l'aubergine dans le wok. Baissez le feu et faites cuire pendant 5 min en mélangeant de temps en temps. Les légumes doivent rester légèrement croquants. Rectifiez l'assaisonnement et servez immédiatement.

TAGLIATELLES DE COURGETTES ET PESTO

Pour 4 personnes
25 min de préparation

MATÉRIEL
Mixeur

INGRÉDIENTS : 3 courgettes • 5 feuilles de chou kale (environ 250 g) • 30 g de noix de cajou • 30 g de noix de cajou • 10 cl d'huile d'olive • Le jus d'½ citron vert • 30 g de parmesan • Sel

1. Pelez les courgettes. À l'aide d'un économe, taillez des tagliatelles dans la chair des courgettes. Réservez les tagliatelles obtenues dans un grand plat.

2. Préparez le pesto. Lavez les feuilles de kale. Ôtez-en les nervures et hachez finement les feuilles. Réduisez les noix de cajou et les noix en poudre fine au mixeur. Mélangez-les au chou kale. Arrosez le tout avec l'huile d'olive et le jus de citron vert, et parsemez de parmesan râpé. Salez. Mélangez bien jusqu'à l'obtention d'une sauce de la texture d'un pesto. Versez ce pesto sur les tagliatelles de courgettes et mélangez bien. Dégustez froid.

INFO NUTRITION

L'huile d'olive est riche en acides gras mono-insaturés qui protègent le cœur. Les noix sont riches en acides gras oméga-3. Cette recette est donc « équilibrée » en graisses.

SALADE DE COURGETTES ET PIGNONS DE PIN

Pour 4 personnes
15 min de préparation
15 min de cuisson

INGRÉDIENTS : 4 courgettes • 2 gousses d'ail • 2 brins de romarin (ou d'une herbe aromatique de votre choix) • 1 belle poignée de pignons de pin • Quelques copeaux de parmesan • 2 cuil. à soupe de vinaigre balsamique • 1 cuil. à soupe d'huile d'olive

1. Lavez les courgettes et coupez-en les extrémités. Réalisez des lamelles de courgette à l'aide d'un épluche-légumes.

2. Pelez les gousses d'ail et hachez-les. Faites chauffer l'huile d'olive dans un wok et faites-y revenir l'ail haché pendant 2 min. Ajoutez les lamelles de courgettes et quelques feuilles de romarin. Faites cuire à feu moyen pendant 10 min. Les courgettes doivent rester légèrement croquantes.

3. Faites griller les pignons à sec dans une poêle jusqu'à ce qu'ils dorent. Servez la salade de courgettes froide, parsemez de pignons de pin grillés et de copeaux de parmesan, puis arrosez le tout de vinaigre balsamique.

INFO NUTRITION

La courgette est peu calorique, tout en fournissant de bonnes quantités de provitamines A, de vitamine B9, de minéraux et de caroténoïdes antioxydants.

CRUMBLE TOMATES-COURGETTES

Pour 4 personnes
10 min de préparation
35 min de cuisson

INGRÉDIENTS : 400 g de tomates cerise • 2 courgettes • 1 poignée de feuilles de basilic • 1 cuil. à café de sucre en poudre • 100 g de flocons d'avoine • 80 g de pecorino râpé • 80 g de poudre d'amandes • 1 cuil. à café d'origan ou de thym séché • 50 g de beurre coupé en dés + un peu pour le plat • Poivre

1. Graissez un plat allant au four et préchauffez ce dernier à 180 °C (th. 6). Lavez les tomates et les courgettes. Coupez chaque tomate en deux et les courgettes en cubes.

2. Dans un saladier, mélangez les demi-tomates, les cubes de courgettes et les feuilles de basilic. Saupoudrez les légumes de sucre, mélangez bien et disposez-les dans le plat. Enfournez pour environ 15 min, le temps que les légumes rôtissent.

3. Dans un autre saladier, mélangez les flocons d'avoine avec le pecorino, la poudre d'amandes, l'origan, le poivre et le beurre mou. Vous devez obtenir une texture granuleuse (comme pour les crumbles sucrés).

4. Disposez la préparation sableuse sur les légumes sortis du four et enfournez de nouveau pour environ 20 min : le dessus doit être croustillant. Dégustez bien chaud, avec une salade, par exemple.

INFO NUTRITION

Une nouvelle recette avec notre allié anticholestérol, riche en fibres bêta-glucanes : le flocon d'avoine. Pensez à l'intégrer régulièrement dans votre alimentation.

MÉLI-MÉLO DE LÉGUMES DE SAISON

Pour 4 personnes
15 min de préparation
20 min de cuisson

INGRÉDIENTS : 2 poireaux • 1 courgette • 2 feuilles de chou kale • 1 patate douce • 1 cuil. à soupe d'huile de coco **Pour la sauce :** 2 cuil. à soupe de purée de sésame (tahini) • 1 cuil. à soupe de vinaigre de cidre • 1 cuil. à café de miel • 1 cuil. à soupe de sauce soja • 2 cuil. à soupe d'eau chaude

1. Lavez les poireaux. Découpez le blanc des poireaux en petits morceaux. Lavez la courgette et détaillez-la en petits morceaux. Lavez les feuilles de chou kale et enlevez la côte. Hachez le chou en fines lamelles. Lavez et épluchez la patate douce et découpez-la en petits morceaux.

2. Faites chauffer l'huile de coco dans une poêle et faites-y revenir à feu moyen les légumes. Couvrez et laissez mijoter pendant 15 min.

3. Préparez la sauce dans un bol. Mélangez la purée de sésame, le vinaigre de cidre, le miel et la sauce soja. Complétez avec l'eau chaude et remuez.

4. Rajoutez la sauce aux légumes 2 min avant la fin de cuisson.

5. Servez. Dégustez.

ASTUCE

N'hésitez pas à acheter vos légumes en fonction des saisons, cela vous permettra de faire le plein de vitamines et de minéraux !

INFO NUTRITION

La patate douce est peu calorique et contient de nombreux micronutriments essentiels. Riche en vitamine A, en antioxydants, en vitamine C, en potassium, phosphore, zinc et fer, elle est un aliment à privilégier pour être en bonne santé ! Sa variété à chair orangée contient une forte teneur en bêta-carotène, qui renforce son pouvoir antioxydant.

SOUPE FROIDE DE CONCOMBRE À LA MENTHE

Pour 4 personnes
15 min de préparation
20 min de cuisson

MATÉRIEL
Mixeur

INGRÉDIENTS : 1 gros concombre • 1 gousse d'ail • 4 yaourts nature • 8 feuilles de menthe • 1 pointe de couteau de piment d'Espelette • 1 cuil. à café de sucre • 2 cuil. à soupe de vinaigre de xérès • 2 tiges de ciboulette • 2 cuil. à soupe de graines de pavot • 2 cuil. à soupe d'huile d'olive

1. Lavez, épluchez et épépinez le concombre. Coupez-le en tranches fines. Faites blanchir les tranches pendant 1 min dans de l'eau bouillante et égouttez-les.
2. Réunissez dans un robot mixeur les tranches de concombre, l'ail pressé, le yaourt, l'huile d'olive, les feuilles de menthe, le piment, le sucre et le vinaigre. Mixez le tout jusqu'à obtenir un coulis vert clair.
3. Assaisonnez et mettez au frais.
4. Avant de servir, parsemez de ciboulette coupée et de graines de pavot.
5. Dégustez.

INFO NUTRITION

Le vinaigre de xérès a la vertu de stimuler la digestion et est très peu calorique. Les graines de pavot sont un apport intéressant en fibres, oméga-3 et 6 et vitamines C et E. Les propriétés antioxydantes de ce plat sont renforcées par les herbes aromatiques de menthe et de ciboulette.

3

AUTOMNE

SALADE DE CAROTTES TIÈDE AU CUMIN

Pour 4 personnes
5 min de préparation
15 à 20 min de cuisson

INGRÉDIENTS : 6 carottes • 1 cuil. à soupe d'huile de ghee • 1 verre d'eau • 1 cuil. à café de cumin en poudre • Sel, poivre • 1 cuil. à soupe de persil plat

1. Lavez et épluchez les carottes. Coupez-les en rondelles fines à la mandoline.

2. Versez l'huile de ghee dans une poêle et faites revenir les rondelles de carottes.

3. Ajoutez 1 verre d'eau, le cumin en poudre et laissez cuire 15 à 20 min. Elles doivent être fondantes.

4. Salez et poivrez, saupoudrez de persil plat ciselé et dégustez.

VARIANTES

Utilisez des carottes de différentes couleurs et savourez-les nature, sans cumin. Si vous n'aimez pas la saveur de l'huile de ghee, au goût très prononcé de beurre, utilisez de l'huile d'olive.

INFO NUTRITION

Le ghee est du beurre clarifié, c'est-à-dire un beurre auquel on a enlevé l'eau, le lactose et les résidus de protéines. Le ghee est donc une matière grasse pure au même titre que les huiles. Le ghee ne s'oxyde pas et supporte mieux la cuisson ; il est donc plus digeste que le beurre cuit.

PAIN À LA CRÈME DE CHAMPIGNONS

Pour 2 personnes
10 min de préparation
40 min de cuisson

MATÉRIEL
Mixeur

INGRÉDIENTS : 200 g de champignons frais mélangés • 1 gousse d'ail • 1 échalote • 40 cl d'eau • 20 cl de lait • 1 cuil. à soupe de persil haché • 1 panais • 2 boules de pains • 1 filet de crème fleurette • 1 cuil. à soupe de beurre • 1 cuil. à soupe d'huile d'olive • Fleur de sel • Sel, poivre

1. Nettoyez les champignons et coupez les plus gros en morceaux. Épluchez l'ail et l'échalote et hachez-les. Faites fondre le beurre dans une poêle ou un faitout et faites-y revenir l'ail et l'échalote pendant quelques minutes, puis ajoutez les champignons. Versez l'eau et le lait et laissez cuire pendant 15 min. Ajoutez le persil, salez et poivrez. Mixez.

2. Préchauffez le four à 220 °C (th. 7-8). Épluchez le panais et coupez-le en tranches fines à la mandoline. Mettez-les dans un saladier, ajoutez l'huile d'olive et la fleur de sel. Mélangez bien puis déposez les tranches de panais sur une couverte de papier sulfurisé. Enfournez pour environ 15 min jusqu'à ce que les bords soient dorés. Éteignez le four et laissez refroidir les pétales de panais en laissant la porte entrouverte.

3. Coupez le haut des boules de pain et passez-les pendant 5 à 8 min au four (à côté des panais). Évidez les boules de pain en retirant une bonne partie de la mie. Versez la crème de champignons dans les boules de pain et ajoutez 1 filet de crème fleurette. Dégustez avec les pétales de panais.

TOURTE AUX CHAMPIGNONS

Pour 4 personnes
20 min de préparation
1 h de cuisson

INGRÉDIENTS : 3 pâtes feuilletées pur beurre • 400 g de champignons de Paris • 2 échalotes • 2 cuil. à soupe de persil haché • Le jus de 1 citron • 1 jaune d'œuf pour dorer • 20 g de beurre • Sel, poivre **Pour la béchamel :** 30 g de beurre • 30 g de farine • 25 cl de lait

1. Épluchez les champignons et coupez-les en morceaux. Épluchez les échalotes et hachez-les.

2. Faites fondre le beurre dans une poêle et faites-y revenir les échalotes, ajoutez le persil et les champignons. Mélangez et versez le jus de citron. Laissez mijoter pendant environ 15 min.

3. Préparez la béchamel : faites fondre le beurre dans une casserole, ajoutez la farine puis, petit à petit, le lait, en fouettant pour éviter les grumeaux. Stoppez la cuisson quand la préparation est crémeuse et homogène.

4. Ajoutez les champignons et mélangez. Salez et poivrez.

5. Préchauffez le four à 180 °C (th. 6). Garnissez le moule de pâte feuilletée et versez la préparation aux champignons. Couvrez avec une deuxième pâte feuilletée et rentrez les bords. Faites une cheminée au centre.

6. Étalez la dernière pâte feuilletée à part et découpez des feuilles à l'emporte-pièce. déposez les feuilles sur la pâte et dorez au jaune d'œuf. Enfournez pour 35 à 40 min.

VARIANTES

Ajoutez du gruyère ou du comté dans la sauce béchamel.
Ajoutez 2 gousses d'ail dans la préparation à base de champignons.

QUICHE AUX ÉPINARDS, PIGNONS GRILLÉS

Pour 4 personnes
10 min de préparation
30 à 35 min de cuisson

INGRÉDIENTS : 1 pâte brisée • 500 g d'épinards en branches • 400 g de ricotta • 40 g de parmesan • 3 œufs • 3 cuil. à soupe de pignons de pin • 6 pousses d'épinards • 1 filet d'huile d'olive • 1 pincée de poivre

1. Étalez la pâte brisée dans le moule à tarte. Faites des plis le long du bord de la tarte avec les doigts. Réservez.

2. Versez de l'huile d'olive dans une poêle et faites-y suer les épinards en branches. Fouettez dans un bol la ricotta, la moitié du parmesan et les œufs. Poivrez. Ajoutez les épinards sans l'eau de cuisson, mélangez bien. Versez sur le fond de tarte.

3. Préchauffez le four à 180 °C (th. 6) puis enfournez pour 25 à 30 min. Faites griller à sec les pignons dans une poêle. Servez la tarte avec les pignons grillés et quelques pousses d'épinards.

VARIANTE

Remplacez les épinards par des feuilles de bettes.

TARTE AUX CHAMPIGNONS

Pour 4 personnes
40 min de préparation
1 h de cuisson
1 h 20 de repos

INGRÉDIENTS : 800 g de mélange de champignons frais • 2 échalotes • 1 gousse d'ail • 25 g de beurre • 5 cl d'huile d'olive • 1 pâte brisée **Pour l'appareil à tarte :** 30 cl de lait • 10 cl de crème liquide • 3 œufs • 30 g de pecorino fraîchement râpé • 4 brins de thym frais • Sel et poivre du moulin

1. Préchauffez le four à 180 °C (th. 6). Déposez la pâte dans un moule à tarte, piquez la surface avec une fourchette et remettez 20 min au frais. Recouvrez de papier cuisson et déposez des poids de cuisson (type haricots secs).

2. Enfournez pour 20 min. Retirez les poids à la fin de cuisson.

3. Lavez les champignons, égouttez-les et disposez-les sur un torchon sec. Coupez l'extrémité des pieds. Coupez les girolles en deux dans le sens de la longueur. Pelez et ciselez les échalotes. Épluchez la gousse d'ail et écrasez-la. Dans une poêle, faites chauffer l'huile d'olive et ajoutez les champignons avec une belle pincée de sel, faites cuire environ 4 à 5 min. Ajoutez les échalotes et l'ail. Salez et poivrez. Une fois que les champignons commencent à dorer, ajoutez le beurre et poursuivez la cuisson 3 à 4 min en remuant de temps en temps.

4. Mélangez avec un fouet tous les ingrédients de l'appareil à tarte avec les brins de thym effeuillés. Déposez dans le fond de tarte précuit les champignons, versez par-dessus l'appareil jusqu'à hauteur du bord de la tarte. Enfournez pour 30 à 35 min. Dégustez chaud.

CHOU VERT FARCI, FRUITS SECS ET CÉRÉALES

Pour 2 personnes
20 min de préparation
1 h de cuisson

INGRÉDIENTS : 6 belles feuilles de chou vert • 150 g de petit épeautre • 2 oignons frais • 1 gousse d'ail • 2 pruneaux • 1 datte medjool • 2 abricots • 1 cuil. à soupe de raisins secs • 2 cuil. à soupe d'amandes concassées • 1 cuil. à soupe de gingembre frais râpé • 2 cuil. à soupe de coriandre ciselée • 2 cuil. à soupe de jus d'orange • 50 cl de bouillon de légumes • 1 filet d'huile d'olive • 1 pincée de sel • 1 pincée de poivre

1. Lavez les feuilles de chou et blanchissez-les pendant 5 à 6 min dans une casserole d'eau bouillante. Passez les feuilles sous l'eau froide et laissez-les égoutter.

2. Faites cuire le petit épeautre dans une grande casserole d'eau bouillante pendant 10 à 12 min, c'est-à-dire la moitié du temps de cuisson.

3. Versez 1 filet d'huile d'olive dans une poêle et faites-y fondre les oignons et l'ail épluchés et finement ciselés. Coupez les fruits secs en petits morceaux puis ajoutez-les dans la poêle ainsi que l'épeautre, les amandes, le gingembre et la coriandre. Ajoutez le jus d'orange, le sel et le poivre, puis laissez cuire pendant 5 bonnes minutes.

4. Déposez cette préparation sur les feuilles de chou et roulez-les de façon à former un petit paquet. Déposez-les dans un plat allant au four en les serrant bien. Vous pouvez utiliser une ficelle pour les maintenir. Préchauffez le four à 180 °C (th. 6).

5. Versez la moitié du bouillon de légumes sur les choux farcis et enfournez pour 30 min. À mi-cuisson, versez le reste du bouillon de légumes. Dégustez bien chaud.

TAJINE LÉGUMES, COING ET POIRE

Pour 2 personnes
10 min de préparation
30 à 35 min de cuisson

INGRÉDIENTS : 1 oignon • 1 gousse d'ail • ½ potimarron • 2 pommes de terre • 1 coing • 1 poire • 1 cuil. à soupe de gingembre fais râpé • 2 pruneaux • 1 cuil. à soupe de raisins secs • 1 cube de bouillon de légumes • 2 cuil. à soupe de ras-el-hanout • 1 pincée de cannelle • 4 grosses châtaignes • 1 cuil. à soupe de coriandre ciselée • 2 cuil. à soupe d'huile de tournesol

1. Épluchez l'oignon et l'ail et hachez-les finement. Coupez le potimarron en cubes. Épluchez les pommes de terre et coupez-les en cubes. Épluchez le coing et coupez-le en quartiers. Épluchez la poire et coupez-la en tranches épaisses.

2. Versez l'huile dans une cocotte et faites-y revenir l'oignon, l'ail et le gingembre pendant 3 min. Ajoutez les légumes et les fruits. Mélangez. Émiettez le bouillon cube, ajoutez les épices et versez un grand verre d'eau. Couvrez et laissez mijoter pendant 20 à 25 min.

3. Faites une croix au couteau sur les châtaignes et grillez-les à four chaud à 180 °C (th. 6) pendant 8 à 10 min (selon la taille) en surveillant. Sortez-les du four et attendez quelques minutes, puis épluchez-les et hachez-les grossièrement.

4. Faites chauffer le beurre dans une poêle et faites-y dorer les châtaignes. Servez le tajine parsemé de châtaignes et de coriandre.

CRUMBLE DE CITROUILLE AUX POMMES

Pour 4 personnes
20 min de préparation
45 min de cuisson

INGRÉDIENTS : 1 citrouille • 1 oignon rouge • 2 pommes reine des reinettes • 20 g de beurre • 1 cuil. à soupe d'huile d'olive • 1 cuil. à café rase de quatre-épices en poudre • 200 g de farine • 100 g de beurre • 50 g de pignons de pin • Sel et poivre du moulin

1. Préchauffez le four à 200 °C (th. 6-7). Pelez et émincez l'oignon rouge. Lavez le potimarron, coupez-le en deux, retirez les graines puis taillez chaque moitié en cubes en gardant la peau. Lavez et coupez les pommes en quatre, retirez le trognon central.

2. Faites revenir avec l'huile d'olive l'oignon rouge dans une poêle, mettez de côté. Déposez le potimarron et les quartiers de pomme dans un plat à gratin préalablement beurré, saupoudrez de quatre-épices, mélangez pour bien enrober puis versez 10 cl d'eau. Salez et poivrez. Faites cuire au four pendant 25 à 30 min.

3. Mélangez la farine et le beurre coupé en dés avec le bout des doigts afin d'obtenir une poudre sableuse. Ajoutez les pignons de pin, les oignons rouges et mélangez le tout avec une cuillère. Répartissez la pâte à crumble sur le potimarron et poursuivez la cuisson au four pendant 15 min, afin que le crumble soit doré. Dégustez chaud.

POTIRON RÔTI AUX BETTERAVES, FETA ET ORANGE

Pour 4 personnes
20 min de préparation
25 min de cuisson

INGRÉDIENTS : 500 g de potiron • 2 oranges non traitées • 2 grosses betteraves crues • 3 cuil. à soupe de miel • 2 cuil. à soupe d'huile d'olive • 2 brins de thym • 2 tranches de feta de 200 g (facultatif) • Sel et poivre du moulin

1. Retirez les graines à l'intérieur du morceau de potiron ainsi que les fibres à l'aide d'une cuillère à soupe. Taillez ensuite le morceau en plusieurs tranches puis posez les tranches bien à plat sur la planche à découper. Taillez une bonne épaisseur tout le long pour retirer la peau. Il faut bien éliminer la partie jaune qui est dure et fibreuse si la peau est épaisse.

2. Lavez et coupez en rondelles les oranges. Pelez les betteraves et coupez-les en tranches ou en cubes.

3. Préchauffez le four à 180 °C (th. 6). Effeuillez le thym. Mélangez le miel, l'huile d'olive et le thym dans un petit bol. Déposez les tranches de potimarron et de betterave, les rondelles d'oranges sur une plaque de four recouverte de papier sulfurisé et badigeonnez-les du mélange à base de miel. Salez et poivrez. Enfournez pour 10 min. Sortez le plat du four et émiettez la feta entre vos mains sur les légumes (facultatif), poursuivez la cuisson au four pendant 15 min. Dégustez chaud.

CHOU-FLEUR ET BROCOLIS EN GRATIN

Pour 4 personnes
20 min de préparation
25 à 30 min de cuisson

MATÉRIEL
Cuit-vapeur

INGRÉDIENTS : 1 chou-fleur • 1 brocoli • 8 tranches de bacon • 40 g de beurre • 40 g de farine • 50 cl de lait • 1 pincée de noix muscade • 50 g de comté râpé • Sel et poivre du moulin

1. Taillez le brocoli et le chou-fleur en petits bouquets, faites-les cuire 20 min à la vapeur. Réalisez un roux, faites fondre le beurre, saupoudrez la farine dessus et remuez. Faites chauffer pendant 10 s sur feu moyen. Versez le lait progressivement, en mélangeant sans cesse au fouet pour éviter les grumeaux. Assaisonnez la béchamel avec du sel, du poivre et de la muscade. Laissez-la cuire à faible ébullition sans cesser de remuer pendant 4 à 5 min. Ajoutez le comté à la fin de cuisson hors du feu.

2. Préchauffez le gril du four. Coupez les tranches de bacon en lanières et ajoutez-les aux fleurettes de chou-fleur et brocoli. Déposez le tout dans un plat à gratin et nappez de sauce béchamel. Enfournez quelques minutes sous le gril du four. Une fois doré, sortez le plat du four et dégustez chaud.

RAVIOLIS DE BETTERAVES À LA BROUSSE

Pour 4 personnes
25 min de préparation
30 min de réfrigération

INGRÉDIENTS : 2 à 3 petites betteraves jaunes • 150 g de brousse • ½ botte de coriandre • 1 citron vert • Fleur de sel et poivre du moulin **Pour la vinaigrette vanille et citron :** 1 gousse de vanille • 1 citron • 5 cuil. à soupe d'huile d'olive

1. Pelez les betteraves et coupez-les en fines lamelles à l'aide d'une mandoline.

2. Ciselez la coriandre, prélevez les zestes du citron. Dans un bol, mélangez la brousse avec le citron et la coriandre, salez et poivrez. Garnissez la moitié des rondelles de betteraves avec la brousse puis refermez avec le reste des rondelles de betteraves. Fermez en appuyant délicatement sur les contours de la betterave. Placez au frais 30 min.

3. Réalisez la vinaigrette. Coupez la gousse de vanille en deux dans le sens de la longueur, récupérez les graines de vanille à l'intérieur et déposez-les dans un petit bol. Pressez le jus du citron, versez-le avec l'huile d'olive dans le bol contenant les graines de vanille. Émulsionnez avec un petit fouet.

4. Disposez les raviolis dans des assiettes creuses et arrosez de vinaigrette à la vanille et au citron. Dégustez frais.

BROCHETTE DE PATATES DOUCES AU TANDOORI

Pour 4 personnes
20 min de préparation
1 h de marinade
15 min de cuisson

MATÉRIEL
Piques à brochettes

INGRÉDIENTS : 3 patates douces • 1 yaourt nature • 1 cuil. à soupe d'épices tandoori • 1 cuil. à soupe de graines de sésame • Le jus d'un citron vert • ½ bouquet de coriandre • 2 cuil. à soupe d'huile d'olive **Pour la sauce à la coriandre :** 1 gousse d'ail • 2 yaourts nature • 1 cuil. à café de cumin • ½ bouquet de coriandre • ½ citron • Sel et poivre du moulin

1. Effeuillez et ciselez la coriandre. Dans un plat creux, mélangez le yaourt avec les épices tandoori, les graines de sésame, le jus de citron vert et la moitié de la coriandre ciselée. Pelez et coupez en cubes les patates douces (environ 3 cm). Faites bouillir un grand volume d'eau salée dans une casserole et plongez-y les cubes de patates douces pendant 10 min environ. Une fois tendres, égouttez-les et déposez les dans le plat contenant la marinade. Mélangez délicatement et laissez mariner pendant 1 h à température ambiante.

2. Préparez la sauce. Pelez et hachez finement la gousse d'ail. Dans un bol, versez les yaourts, l'ail haché, le cumin, le reste de la coriandre ciselée et pressez le jus de citron. Assaisonnez de sel et de poivre, mélangez bien. Mettez au frais.

3. Piquez les cubes de patate douce sur des brochettes en bois. Faites chauffer l'huile d'olive dans une poêle et faites dorer les brochettes sur toutes les faces à feu vif. Parsemez, en fin de cuisson, de graines de sésame puis dégustez accompagné de sauce à la coriandre.

BETTERAVES ET COULIS DE CORIANDRE

Pour 6 personnes
20 min de préparation
45 min de cuisson

MATÉRIEL
Mandoline
Mixeur

INGRÉDIENTS : 4 betteraves crues • 50 g de pignons de pin • 300 g de fromage de brebis frais • 100 g de roquette • Huile d'olive • 1 cuil. à café de sel fou • Sel, poivre **Pour le coulis de coriandre :** 1 bouquet de coriandre • Huile d'olive • Sel, poivre

1. Préchauffez le four à 180 °C (th. 6). Épluchez les betteraves et coupez-les en fines lamelles à l'aide d'un couteau ou d'une mandoline. Disposez-les sur une plaque de four. Parsemez de sel fou et versez un filet d'huile d'olive. Enfournez pour environ 45 min. 5 à 6 min avant la fin de la cuisson, ajoutez les pignons de pin sur la plaque.

2. Préparez le coulis de coriandre. Effeuillez le bouquet de coriandre et mettez les feuilles dans la cuve du mixeur. Salez, poivrez puis mixez en ajoutant de l'huile d'olive jusqu'à obtenir une consistance onctueuse.

3. Lorsque les betteraves sont cuites, émiettez dessus le fromage de brebis frais, ajoutez la roquette et arrosez de coulis de coriandre. Salez et poivrez à votre convenance, puis dégustez.

PATATES DOUCES FARCIES À LA CIBOULETTE

Pour 6 personnes
10 min de préparation
50 min de cuisson

MATÉRIEL
Mixeur

INGRÉDIENTS : 3 patates douces de taille moyenne • 6 cuil. à soupe de mélange de trois riz cuit • 4 cuil. à soupe de noix de cajou • 100 g de mesclun • Huile d'olive • Sel, poivre **Pour la crème à la ciboulette :** 1 bouquet de ciboulette • 2 échalotes • 200 g de fromage blanc • 12,5 cl de crème fraîche épaisse • Sel, poivre

1. Préchauffez le four à 180 °C (th. 6). Déposez les patates douces sur une plaque de four et enfournez pour 40 min.

2. Versez le mélange de trois riz dans un saladier, ajoutez les noix de cajou, versez 1 filet d'huile d'olive, salez et poivrez. Mélangez et réservez.

3. Préparez la crème à la ciboulette. Coupez les tiges de ciboulette en 3 tronçons. Mettez la ciboulette dans la cuve du mixeur. Épluchez les échalotes, tranchez-les et ajoutez-les à la ciboulette. Versez le fromage blanc et la crème fraîche épaisse et mixez. Salez, poivrez et réservez au frais jusqu'au moment de servir.

4. Lorsque les patates douces sont cuites, coupez-les en deux dans le sens de la longueur, prélevez-en délicatement la chair et mettez-la dans le saladier avec le riz et les noix de cajou. Mélangez bien puis garnissez les patates douces de cette farce. Enfournez pour 10 min.

5. Au moment de servir, parsemez de mesclun et versez la crème à la ciboulette. Dégustez.

VARIANTE

Réalisez une crème aux fines herbes pour remplacer la crème à la ciboulette, en mélangeant un fromage de type Boursin® avec 3 cuil. à soupe de crème fraîche épaisse.

CHOUX-FLEURS AU CURRY ET AMANDES

Pour 6 personnes
10 min de préparation
30 min de cuisson

INGRÉDIENTS : 2 choux-fleurs • 1 cuil. à soupe de curry de Madras • 50 g d'amandes effilées • 3 cuil. à soupe de coriandre fraîche ciselée • 4 cuil. à soupe d'huile d'olive • Sel, poivre

1. Préchauffez le four à 180 °C (th. 6). Détaillez les bouquets des choux-fleurs et lavez-les à l'eau claire. Mettez-les dans un saladier, ajoutez l'huile d'olive, le curry de Madras et un peu de sel et de poivre.

2. Mélangez bien et disposez les bouquets de choux-fleurs sur une plaque de four. Enfournez pour 25 min. Parsemez d'amandes effilées et poursuivez la cuisson pendant encore 5 à 6 min. Au moment de servir, parsemez de coriandre. Dégustez chaud.

VARIANTE

Remplacez le curry par du curcuma, du paprika ou du *ras-al-hanout*.

LÉGUMES AU PESTO DE NOIX ET PERSIL

Pour 6 personnes
20 min de préparation
50 min de cuisson

MATÉRIEL
Mixeur

INGRÉDIENTS : 2 carottes violettes • 2 carottes jaunes • 2 carottes bicolores • 2 panais • 2 choux-raves • 1 betterave blanche • 2 navets boule d'or • 2 cuil. à soupe de thym • 6 à 8 petites feuilles de trévise rouge • 3 cuil. à soupe de persil plat frais haché • Huile d'olive • Sel, poivre **Pour le pesto :** 150 g de noix • 3 cuil. à soupe de parmesan râpé • Huile d'olive

1. Préchauffez le four à 180 °C (th. 6). Épluchez tous les légumes. Taillez les carottes en biseau, coupez les panais en rondelles, tranchez les choux-raves. Détaillez la betterave en demi-rondelles et les navets en cubes.

2. Disposez les légumes sur une plaque de four en les mélangeant harmonieusement. Arrosez-les d'un bon filet d'huile d'olive, salez et poivrez. Parsemez de thym et enfournez pour 50 min en remuant régulièrement.

3. Préparez le pesto. Faites griller les noix à sec dans une poêle pendant 2 à 3 min. Mettez-les dans la cuve du mixeur, ajoutez le parmesan râpé et un peu d'huile d'olive. Mixez en versant de l'huile d'olive peu à peu, jusqu'à obtenir une pâte onctueuse.

4. Au moment de servir, répartissez le pesto de noix, les feuilles de trévise ainsi que le persil plat. Salez et poivrez si nécessaire, et dégustez.

POTIRON SAUTÉ AUX ÉPICES ET AU LAIT DE COCO

Pour 4 personnes
30 min de préparation
25 min de cuisson

MATÉRIEL
Râpe à légumes

INGRÉDIENTS : 1 kg de potiron • 1 oignon • 2 gousses d'ail • 2 cm de gingembre frais • 1 cuil. à soupe de graines de sésame • 2 cuil. à soupe de graines de courge grillées • 2 cuil. à soupe d'huile d'olive • 1 cuil. à café de curry • 1 cuil. à café de curcuma • 20 cl de lait de coco • 10 brins de coriandre • Sel, poivre

1. Coupez le potiron en cubes. Épluchez et émincez finement l'oignon. Pelez et hachez les gousses d'ail, après avoir enlevé le germe. Épluchez et râpez le gingembre.

2. Faites chauffer le wok sans matière grasse et faites dorer les graines de sésame et les graines de courge pendant 1 à 2 min. Retirez les graines du wok et réservez dans un bol.

3. Faites chauffer l'huile d'olive dans le wok et faites revenir l'oignon pendant 2 min à feu vif, sans cesser de remuer. Ajoutez l'ail et le gingembre, puis saupoudrez de curry et de curcuma. Prolongez la cuisson de 2 min.

4. Ajoutez les cubes de potiron, salez et poivrez. Faites sauter pendant 5 min, sans cesser de remuer. Versez le lait de coco et portez à ébullition. Baissez le feu, couvrez et laissez mijoter pendant 10 à 15 min, jusqu'à ce que le potiron soit tendre.

5. Rectifiez l'assaisonnement, puis parsemez de graines de courge, de graines de sésame et de feuilles de coriandre ciselées. Servez immédiatement.

FLAN DE CAROTTES À LA CRÈME

Pour 4 personnes
10 min de préparation
50 min de cuisson

MATÉRIEL
Cuit-vapeur
Mixeur
Moule à flan

INGRÉDIENTS : 600 g de carottes • 1 cuil. à café de purée de noisettes • 2 œufs frais bio • 2 c. à soupe de dessert crémeux végétal nature • 1 pincée de muscade • 2 cuil. à soupe de persil • 1 pincée de sel • 1 pincée de poivre • 1 poignée de roquette

1. Épluchez les carottes et coupez-les en rondelles. Faites-les cuire à la vapeur 15 à 20 min jusqu'à ce qu'elles soient tendres.

2. Préchauffez le four à 180 °C (th. 6).

3. Versez la purée de noisettes, les œufs et le dessert crémeux végétal dans un saladier et fouettez vivement.

4. Mixez les carottes, et ajoutez-les à la préparation ainsi que le persil et la muscade.

5. Versez le mélange dans un moule à flan et enfournez pour 30 à 35 min de cuisson au bain-marie.

6. Démoulez le flan, ajoutez la roquette, salez et poivrez légèrement. Dégustez chaud.

VARIANTE

Remplacez les carottes par de la patate douce ou du potimarron.

PIZZA AU CHOU KALE ET AU CHÈVRES

Pour 4 personnes
20 min de préparation
1 h de repos
15 min de cuisson

INGRÉDIENTS : 250 g de farine de petit épeautre • 5 g de levure de boulanger déshydratée • 160 ml d'eau tiède • 1 cuil. à café d'huile d'olive • ½ cuil. à café de sel Pour la garniture : 3 branches de chou kale • 1 oignon rouge • 100 g de chèvre frais • 20 g de noix • 1 cuil. à soupe de graines de chanvre • 1 cuil. à café d'huile d'olive

1. Préparez la pâte à pizza. Dans un saladier, versez la farine. Faites un puits et ajoutez-y la levure instantanée, un peu d'eau tiède, l'huile et le sel. Commencez à mélanger en intégrant la farine petit à petit. Rajoutez l'eau également au fur et à mesure jusqu'à obtenir une pâte à pain facile à manier. Pétrissez pendant environ 10 min. Formez une boule, couvrez et laissez lever pendant environ 1 h jusqu'à ce que la pâte ait doublé de volume.

2. Pétrissez rapidement la pâte à pizza une seconde fois pour enlever le gaz. Au besoin, farinez-vous les mains. Étalez la pâte sur une plaque de cuisson huilée.

3. Préchauffez le four à 240 °C (th. 8). Lavez les branches de chou kale, ôtez-en la nervure et hachez grossièrement les feuilles. Placez-les sur la pâte à pizza. Épluchez l'oignon rouge et coupez-le en rondelles, puis ajoutez-le sur la pizza. Émiettez le chèvre frais sur la pizza.

4. Grillez à sec les noix et les graines de chanvre pendant quelques instants et parsemez-en la pizza. Arrosez d'un filet d'huile d'olive, enfournez pour 15 min et dégustez bien chaud.

Graines de
CHANVRE
décortiquées

CHIPS DE CHOU KALE AU PAPRIKA

Pour 1 saladier
10 min de préparation
20 min de cuisson

INGRÉDIENTS : 8 branches de chou kale • 1 cuil. à soupe d'huile d'olive • 1 cuil. à café de levure diététique • 1 cuil. à café d'ail en poudre • 1 cuil. à soupe de paprika • 1 cuil. à soupe de sel

1. Préchauffez le four à 150 °C (th. 5). Lavez les branches de chou et enlevez la côte centrale à l'aide d'un couteau. Séchez les feuilles de chou avec du papier absorbant puis coupez-les en morceaux.

2. Dans un saladier, mélangez l'huile d'olive, la levure, l'ail, le paprika et le sel. Ajoutez les morceaux de chou kale.

3. Disposez le mélange sur une plaque de four. Recouvrez l'ensemble d'une feuille de papier sulfurisé. Enfournez pour 20 min.

4. Dégustez.

INFO NUTRITION

L'indice ORAC du paprika est de 21 832. C'est donc un puissant antioxydant, comme beaucoup d'épices.
Le chou kale est très riche en fer, magnésium, calcium, vitamine C, potassium et bêta-carotène. Il contribue à renforcer les défenses immunitaires et lutte contre l'oxydation des cellules.

CRUMBLE POTIRON, CAROTTE ET RICOTTA

Pour 4 personnes
20 min de préparation
28 min de cuisson

MATÉRIEL
Cuit-vapeur
4 petites cocottes

INGRÉDIENTS : 1 morceau de potiron (environ 200 g/personne) • 8 carottes • 8 cuil. à soupe de ricotta • 4 poignées de noisettes • 2 cuil. à soupe de graines de sésame • Sel, poivre **Pour la pâte à crumble :** : 1 cuil. à soupe de farine de châtaigne • 1 cuil. à soupe de farine de riz • 2 cuil. à soupe de chapelure • 50 g de beurre ramolli • Quelques feuilles de coriandre • Sel, poivre

1. Préchauffez le four à 180 °C (th. 6). Épluchez et coupez le potiron en petits morceaux. Épluchez et coupez les carottes en rondelles. Faites cuire pendant 8 min à la vapeur. Réservez.

2. Pendant ce temps, préparez la pâte à crumble en mélangeant les farines avec la chapelure et le beurre ramolli coupé en morceaux. Mélangez du bout des doigts pour obtenir une pâte friable. Ajoutez ensuite le sel, le poivre et les feuilles de coriandre hachées.

3. Dans une petite cocotte, déposez un peu de carottes, un peu de potiron et 2 cuil. à soupe de ricotta. Puis ajoutez les noisettes écrasées, et 1 moitié de cuil. à soupe de graines de sésame. Répartissez la pâte à crumble par dessus. Renouvelez l'opération sur les 3 autres cocottes et enfournez pour 20 min.

4. Servez et dégustez.

TARTELETTE SPIRALE PANAIS ET PATATE DOUCE

Pour 2 Personnes
10 min de préparation
25 à 30 min de cuisson

INGRÉDIENTS : 1 pâte brisée • 1 panais • 1 patate douce • 2 œufs • 15 cl de crème liquide • 1 pincée de noix muscade • 1 filet de sirop d'érable • 1 poignée de mesclun • 1 filet d'huile d'olive • Sel, poivre

1. Étalez la pâte brisée dans les moules à tartelettes et enlevez l'excédent de pâte. Réservez la pâte au frais.

2. Épluchez le panais et la patate douce. Détaillez-les en lamelles fines à la mandoline.

3. Enroulez bien serré les lamelles de légumes en les alternant en partant du centre vers l'extérieur. Remplissez le moule.

4. Cassez les œufs dans un bol, ajoutez la crème liquide, la noix muscade, le sel et le poivre. Fouettez en préparation homogène. Versez sur les tartelettes.

5. Préchauffez le four à 180 °C (th. 6). Versez 1 filet de sirop d'érable sur les tartelettes et enfournez pour 25 à 30 min.

6. Servez avec un peu de mesclun et 1 filet d'huile d'olive.

VARIANTES

Utilisez d'autres légumes comme la betterave, carotte, céleri.
Ajoutez du parmesan ou du comté sur le fond de la pâte ou, pour pimenter la préparation, une fine couche de moutarde forte.

VELOUTÉ D'AUTOMNE ET TOASTS

Pour 2 personnes
10 min de préparation
45 min de cuisson

MATÉRIEL
Mixeur

INGRÉDIENTS : 500 g de potiron • 50 cl de lait frais • 1 bouquet garni • 1 bocal de châtaignes entières • 2 cuil. à soupe de beurre • 1 cuil. à soupe de noix grillées • Sel, poivre **Pour les toasts :** 2 tranches de patate douce d'environ 4 mm d'épaisseur • 4 cuil. à soupe de cottage cheese • 2 feuilles de sucrine • 2 filets d'huile d'olive • Poivre

1. Enlevez la peau du potiron, coupez-le en morceaux et mettez-le dans une casserole. Ajoutez le lait, le bouquet garni et faites cuire à petit bouillon pendant environ 20 min. Le potiron doit être tendre.

2. Pendant ce temps, faites cuire les châtaignes dans une poêle avec du beurre. Laissez-les dorer pendant environ 15 min. Faites ensuite revenir à sec les noix dans la poêle.

3. Enlevez le bouquet garni. Mixez le potiron en velouté. Salez et poivrez. Hachez les châtaignes et concassez les noix puis déposez-les sur le velouté.

4. Préparez les toasts. Faites griller les tranches de patate douce dans un grille-pain, à la puissance maximale et deux fois de suite (adaptez selon votre grille-pain).

5. Déposez 2 cuil. à soupe de cottage cheese sur les toasts de patate douce, 1 filet d'huile d'olive et poivrez. Ajoutez les feuilles de sucrine coupées en lamelles fines aux ciseaux. Dégustez bien chaud.

VARIANTES

Vous pouvez aussi faire griller les tranches de patate douce au four.
Ajoutez dans le velouté 2 cuil. à soupe de crème de marron non sucrée.
Utilisez une boisson végétale à la place du lait de vache.

VELOUTÉ DE BROCOLI, KALE ET AMANDES

Pour 4 personnes
15 min de préparation
15 min de cuisson

MATÉRIEL
Blender
Râpe

INGRÉDIENTS : 3 petites têtes de brocolis • 5 feuilles de kale • 1 échalote • 1 pomme de terre • 1 cuil. à café de cumin en poudre • 1 l de bouillon de légumes • 1 citron • 40 g d'amandes • 2 cuil. à soupe d'huile d'olive • Sel et poivre du moulin

1. Lavez les légumes et coupez les têtes de brocoli en petits bouquets, mettez-en quelques-uns de côté pour la décoration finale. Émincez les feuilles de kale, épluchez et ciselez l'échalote. Pelez la pomme de terre et coupez-la en tout petits cubes. Dans une grande casserole ou une cocotte, versez l'huile d'olive et faites suer l'échalote avec une pincée de sel et le cumin. Ajoutez les feuilles de kale et poursuivez la cuisson pendant 3 min en remuant régulièrement.

2. Ajoutez le brocoli et les cubes de pomme de terre, versez le bouillon de légumes et faites cuire pendant 10 à 12 min jusqu'à ce que les légumes soient tendres. Égouttez les légumes en gardant de côté le jus de cuisson. Mixez-les dans un blender ou un robot en versant petit à petit le jus de cuisson jusqu'à la consistance désirée. Rectifiez l'assaisonnement si nécessaire. Prélevez les zestes du citron à l'aide d'une fine râpe, concassez les amandes avec un couteau. Versez le velouté de brocoli dans des bols ou assiettes creuses, parsemez de zestes de citron et d'amandes. Dégustez chaud.

VELOUTÉ DE POTIMARRON

Pour 2 personnes
10 min de préparation
20/25 min de cuissin

MATÉRIEL
Mixeur

INGRÉDIENTS : 1 potimarron • 1 bouquet garni • 2 cuil. à soupe de curcuma • 2 cuil. à soupe de coriandre • Sel

1. Lavez le potimarron. Coupez-le en deux et enlevez les pépins. Coupez ensuite la chair en cubes en enlevant les nœuds si nécessaire.

2. Mettez-les dans une casserole, ajoutez le bouquet garni et couvrez d'eau. Portez à ébullition et laissez cuire 15 à 20 min ou jusqu'à ce que les morceaux soient tendres.

3. Enlevez le bouquet garni et prélevez un peu de jus de cuisson afin d'ajuster la consistance.

4. Mixez bien, ajoutez le curcuma et le poivre.

5. Mélangez, goûtez et salez légèrement.

6. Dégustez avec de la coriandre fraîche ciselée.

INFO NUTRITION

L'écorce du potimarron est fine, il est donc inutile de l'enlever, d'autant plus qu'elle enrichit le velouté en fibres douces et permet d'apporter davantage d'onctuosité. Le potimarron est par ailleurs un légume particulièrement digeste.

4

HIVER

SALADE DE CHOU BLANC, POMME ET FRUITS SECS

Pour 4 personnes
15 min de préparation

MATÉRIEL
Râpe

INGRÉDIENTS : 1 chou blanc • 1 pomme • 1 cuil. à soupe d'amandes • 1 cuil. à soupe de noisettes **Pour la vinaigrette citronnée légère :** 1 cuil. à café de moutarde • 2 cuil. à soupe de vinaigre au choix (balsamique, de vin, de cidre) • 2 cuil. à soupe d'huile au choix (olive, colza, noix, noisette) • 2 cuil. à soupe de jus de citron ou d'eau • Sel, poivre, moulin 5 baies

1. Lavez le chou, retirez le pied et les premières feuilles. Hachez le chou en fines lamelles.

2. Lavez la pomme, épluchez-la et râpez-la.

3. Écrasez grossièrement les amandes et les noisettes.

4. Préparez la vinaigrette citronnée légère en mélangeant tous les ingrédients dans un bol jusqu'à obtention de la consistance souhaitée.

5. Assemblez le tout dans un saladier avec la vinaigrette citronnée. Salez, poivrez.

6. Dégustez.

INFO NUTRITION

Le chou blanc est pauvre en calories mais il apporte une quantité intéressante de vitamine C (35,5 mg pour 100 g), soit quasiment la moitié des apports recommandés. Il est également riche en polyphénols : flavonoïdes, lignanes. Les polyphénols sont de puissants antioxydants. Parmi les fruits et légumes, c'est le chou blanc qui présente le plus de lignanes !

SALADE D'HIVER ET AVOCADO TOASTS

Pour 2 personnes
20 min de préparation
30 min de repos

MATÉRIEL
Râpe

INGRÉDIENTS : 2 feuilles de chou kale • 1 tranche de chou rouge • 1 pomme granny-smith • 1 betterave • 1 grenade • Le jus de 1 orange • 1 cuil. à café d'eau de fleur d'oranger • 1 cuil. à soupe de mélange de graines • 1 poignée de graines germées • 3 cuil. à soupe d'huile d'olive • Sel, poivre **Pour les tartines :** 2 tartines de pain complet • 2 cuil. à soupe de fromage frais nature • 1 avocat • Le jus de 1 citron • 1 cuil. à soupe d'huile à l'avocat (en épicerie bio, ou une huile d'olive parfumée) • Sel, poivre

1. Lavez les feuilles de chou kale, enlevez les nervures et coupez le vert en lanières. Ciselez le chou rouge. Lavez la pomme, enlevez le cœur et coupez-la en tranches fines. Épluchez la betterave et râpez-la. Coupez la grenade en deux et prélevez les graines. Mettez le tout dans un saladier. Mélangez.

2. Émulsionnez le jus d'orange, l'eau de fleur d'oranger et l'huile d'olive. Versez sur la salade, mélangez et laissez reposer au frais pendant 30 min. il faut que le chou kale et le chou rouge s'attendrissent avec la vinaigrette.

3. Préparez les tartines. Grillez le pain. Tartinez de fromage frais. Épluchez l'avocat et coupez-le en fines lamelles. Déposez les lamelles sur le fromage, ajoutez 1 filet de jus de citron et 1 filet d'huile à l'avocat. Salez et poivrez.

4. Mélangez à nouveau la salade, servez, ajoutez le mélange de graines et les graines germées, salez et poivrez. Dégustez avec les tartines à l'avocat.

SALADE DE FENOUILS À L'ORANGE

Pour 2 personnes
10 min de préparation
20 min de cuisson

INGRÉDIENTS : 4 fenouils • 2 oranges • 1 filet d'huile d'olive • 1 filet de miel de fleurs • 1 pincée de cumin • 2 cuil. à soupe de coriandre • Sel, poivre

1. Lavez les fenouils et gardez les petits plumets verts. Coupez-les en tranches fines. Pressez les oranges pour en extraire le jus.

2. Versez un filet d'huile d'olive dans le wok et faites-y griller les fenouils pendant 5 min.

3. Ajoutez la moitié du jus d'orange, le miel et le cumin. Mélangez et laissez mijoter 10 min environ. Le fenouil doit rester légèrement croquant.

4. Au moment de servir, versez dans les plats de service, arrosez de jus d'orange parsemez et de coriandre. Poivrez et salez légèrement. Dégustez tiède.

VARIANTE

Remplacez la coriandre par du persil et le cumin par du curcuma.

INFO NUTRITION

Le fenouil est un légume au goût anisé qui possède des vertus digestives : ses fibres douces favorisent un bon transit intestinal et la présence d'anéthol, un composé spécifique du fenouil, prévient la formation de gaz et stimule l'activité du foie.

FALAFELS, SAUCE AU YAOURT ET SÉSAME

Pour 2 personnes
20 min de préparation
12 à 15 min de cuisson
1 h de repos

MATÉRIEL
Mixeur
Râpe

INGRÉDIENTS : 250 g de pois chiches • 2 gousses d'ail ciselées • 1 petit oignon blanc ciselé • 3 cuil. à soupe de persil • 3 cuil. à soupe de coriandre • 1 cuil. à soupe de menthe • 1 cuil. à soupe de cumin • 1 cuil. à café de coriandre en poudre • 1 pincée de piment de Cayenne • 1 pincée de poivre • 1 pincée de sel • 1 cuil. à café de bicarbonate • 1 tranche de chou rouge • 2 carottes • 4 feuilles de laitue rouge d'hiver • 1 yaourt grec • 5 cuil. à soupe de jus de citron • 1 cuil. à café ce menthe ciselé • 3 cuil. à soupe de purée de sésame • 1 cuil. à café d'ail ciselé • 1 cuil. à café de sauce au piment • Huile de cuisson • Sel, poivre

1. Faites tremper la veille les pois chiches dans l'eau. Le lendemain, rincez-les sous l'eau froide et séchez-les.

2. Mettez les pois chiches dans le mixeur. Ciselez l'ail et l'oignon et ajoutez-les dans la cuve du mixeur ainsi que le persil, la coriandre, la menthe, le cumin, la coriandre en poudre, le piment de Cayenne, le sel, le poivre et le bicarbonate. Mélangez avec une cuillère pour répartir les ingrédients. Mixez. La texture doit avoir la consistance d'une semoule et se tenir. Ne mixez surtout pas en crème. Réalisez des boules entre vos mains et laissez reposer pendant 1 h au frais.

3. Préparez les salades et la sauce. Lavez le chou rouge et ciselez-le. Épluchez les carottes et râpez-les à la grosse râpe. Coupez les feuilles de laitue. Versez le yaourt grec dans un bol, ajoutez 2 cuil. à soupe de jus de citron, la menthe et salez et poivrez. Mettez la purée de sésame dans un bol, ajoutez 3 cuil. à soupe de jus de citron, émulsionnez. Ajoutez un peu d'eau si le mélange est trop épais puis mettez l'ail et la sauce au piment. Mélangez.

4. Faites chauffer l'huile de cuisson dans un faitout et faites-y dorer les falafels pendant 12 à 15 min. Dégustez avec les salades et les sauces.

GNUDIS D'ÉPINARDS À LA RICOTTA

Pour 4 personnes
30 min de préparation
5 min de cuisson

INGRÉDIENTS : 300 g de pousses d'épinards • 400 g de ricotta • 4 cuil. à soupe de parmesan fraîchement râpé • 1 œuf • 1 à 2 cuil. à soupe de farine • 30 g de beurre • 3 brins de basilic • 1 cuil. à soupe de jus de citron • Sel et poivre du moulin

1. Lavez et essorez les pousses d'épinards. Dans une poêle à feu moyen, faites tomber les épinards jusqu'à ce qu'ils aient rendu presque toute leur eau. Coupez le feu et récupérez les épinards entre vos mains, faites une boule et pressez au maximum le jus. Hachez ensuite les épinards essorés.

2. Dans un saladier, mélangez la ricotta, le parmesan, l'œuf et les épinards. Salez et poivrez puis versez petit à petit la farine, jusqu'à obtenir une pâte un peu molle. Vous pouvez ajouter un peu plus de farine si nécessaire.

3. Portez à ébullition de l'eau salée dans une casserole. Prélevez un peu de pâte avec les mains humides et faites les rouler dans la farine afin d'obtenir des petites boules de la taille d'une noix. Déposez-les au fur et à mesure sur une feuille de papier sulfurisé. Plongez la moitié des gnudis dans l'eau bouillante et faites cuire environ 30 s, le temps qu'ils remontent à la surface. Retirez-les à l'aide d'une écumoire et plongez l'autre moitié dans l'eau.

4. Dans une poêle, faites mousser le beurre, ajoutez-y les feuilles de basilic et versez le jus de citron. Déposez les gnudis dans la poêle et mélangez afin de les enrober de beurre parfumé au basilic. Dégustez chaud.

GRATIN DAUPHINOIS AUX TOPINAMBOURS

Pour 4 personnes
25 min de préparation
45 min à 1 h de cuisson

INGRÉDIENTS : 500 g de pommes de terre (type charlotte) • 500 g de topinambours • 1 gousse d'ail • 50 cl de lait • 200 g de crème fraîche épaisse • 50 g de beurre + 20 g pour le plat à gratin • 1 pincée de muscade moulue • Sel et poivre du moulin

1. Préchauffez le four à 180 °C (th. 6). Épluchez et coupez en tranches de 3 mm d'épaisseur les pommes de terre et les topinambours à l'aide d'une mandoline.

2. Pelez la gousse d'ail. Faites bouillir le lait à ébullition puis ajoutez la crème. Assaisonnez de sel, de poivre et de noix muscade. Frottez le plat à gratin avec la gousse d'ail pelée et le beurre.

3. Plongez les lamelles de pomme de terre et de topinambours dans le mélange de lait et crème. Faites cuire pendant 10 min à feu doux. Retirez-les à l'aide d'une écumoire et disposez les pommes de terre et les topinambours dans le plat à gratin. Versez la crème par-dessus, parsemez de tout petits dés de beurre et enfournez pour 45 min à 1 h. Laissez reposer quelques minutes avant de déguster. Couvrez avec une feuille d'aluminium en cours de cuisson si le gratin dore trop vite.

BUDDHA BOWL PATATES DOUCES ET CHOU ROUGE

Pour 4 personnes
30 min de préparation
45 min de cuisson

MATÉRIEL
Râpe

INGRÉDIENTS : 1 grosse patate douce • 2 cuil. à soupe d'huile d'olive • 400 g de pois chiches égouttés • 1 cuil. à café de paprika • 180 g de quinoa • 1 grosse carotte • ¼ de chou rouge • 150 g de houmous • 1 avocat • 1 citron jaune • 100 g de mâche • Sel et poivre du moulin

1. Préchauffez le four à 180 °C (th. 6). Pelez et coupez en petits cubes la patate douce. Mélangez-les avec 1 cuil. à soupe d'huile d'olive. Rincez sous l'eau les pois chiches, déposez-les sur un torchon propre et frottez afin de retirer les petites peaux. Mélangez-les avec 1 cuil. à soupe d'huile d'olive et le paprika. Déposez les patates douces et les pois chiches sur une plaque de four recouverte de papier sulfurisé. Salez et enfournez 30 min, jusqu'à ce que la patate douce soit tendre. Remuez à mi-cuisson.

2. Dans un grand volume d'eau salée, faites cuire le quinoa le temps indiqué sur le paquet puis égouttez.

3. Pelez et râpez la carotte. Émincez finement le chou rouge. Pelez et retirez le noyau central de l'avocat puis coupez chaque moitié en lamelles. Pressez un peu de jus de citron par-dessus pour qu'il ne noircisse pas.

4. Dans quatre bols, répartissez la mâche puis ajoutez un peu de chaque ingrédient. Déposez 1 belle cuil. à soupe de houmous au milieu de chaque bol et pressez un peu de jus de citron sur l'ensemble. Salez et poivrez légèrement. Dégustez immédiatement.

POTIMARRONS, MIEL, ÉPICES ET CHÂTAIGNES

Pour 6 personnes
15 min de préparation
30 à 35 min de cuisson

INGRÉDIENTS : 2 potimarrons • 1 boîte de marrons entiers • 2 cuil. à soupe de miel • 1 cuil. à café de mélange quatre-épices • 1 oignon rouge • 2 petites pommes granny-smith (ou 1 grosse) • ½ citron • 3 cuil. à soupe de mélange d'amandes, de noix et de noisettes concassées grossièrement • 2 cuil. à soupe de graines de courge • Huile d'olive • Sel, poivre

1. Préchauffez le four à 180 °C (th. 6). Lavez les potimarrons et coupez-les en cubes. Déposez-les sur une plaque de four. Ajoutez les marrons entiers. Dans un bol, mélangez le miel, le mélange quatre-épices et 3 cuil. à soupe d'huile d'olive. Versez sur les légumes et enfournez-les pour 20 min.

2. Épluchez l'oignon rouge et tranchez-le en fines rondelles. Coupez les pommes en cubes. Pressez le demi-citron à la main au-dessus des pommes et enrobez-les de jus pour éviter qu'elles s'oxydent.

3. Sortez la plaque du four et répandez le mélange d'amandes, de noix et de noisettes ainsi que les graines de courge sur les légumes. Enfournez pour 10 à 15 min supplémentaires : les graines et les noix doivent être grillées.

4. Au moment de servir, ajoutez les rondelles d'oignon et les cubes de pommes. Salez et poivrez. Vous pouvez ajouter 1 filet d'huile d'olive selon votre goût. Dégustez immédiatement.

VARIANTE

Remplacez le mélange quatre-épices par un curry doux ou pimenté.

FENOUIL RÔTI, MOZZA ET RADIS NOIR

Pour 6 personnes
10 min de préparation
50 min à 1 h de cuisson

INGRÉDIENTS : 6 fenouils • 1 orange non traité • 1 citron non traité • 3 boules de mozzarella ou de burrata • 1 radis noir • 1 poignée de roquette • Huile d'olive • Sel, poivre

1. Préchauffez le four à 180 °C (th. 6). Passez les fenouils sous l'eau claire et coupez-les en quatre. Déposez-les sur une plaque de four. Prélevez les zestes des agrumes et répandez-les sur les quartiers de fenouils. Versez 1 généreux filet d'huile d'olive et enfournez pour 50 min à 1 h.

2. Pendant ce temps, pressez l'orange et le citron et arrosez régulièrement le fenouil avec le jus des agrumes. Coupez les boules de mozzarella en six. Détaillez le radis noir en tranches très fines.

3. À la sortie du four, déposez les morceaux de mozzarella sur les quartiers de fenouils brûlants pour qu'ils fondent légèrement. Salez et poivrez. Ajoutez des rondelles de radis noir et un peu de roquette. Dégustez bien chaud.

VARIANTE

Pour une recette plus douce, remplacez le radis noir par des cubes de betterave cuite, et la roquette par quelques bouquets de mâche.

POMMES DE TERRE, PANAIS ET PATATES DOUCES

Pour 6 personnes
15 min de préparation
50 min de cuisson

INGRÉDIENTS : 6 pommes de terre • 2 panais • 1 patate douce • 2 cuil. à soupe de sirop d'érable • 2 petites trévises • 6 à 8 rosettes de tête de moine • Huile d'olive fruitée • Sel, poivre

1. Préchauffez le four à 180 °C (th. 6). Lavez les légumes à l'eau claire et coupez-les en rondelles sans les éplucher. Disposez les légumes sur une plaque de four.

2. Dans un bol, mélangez 4 cuil. à soupe d'huile d'olive et le sirop d'érable. Versez ce mélange sur les légumes, salez et poivrez. Enfournez pour 50 min environ : la chair des légumes doit être tendre.

3. Lavez les feuilles des trévises et déposez-les sur les légumes. Ajoutez les rosettes de tête de moine. Versez à nouveau 1 filet d'huile d'olive et dégustez.

VARIANTE

Remplacez les pommes de terre par 1 potimarron et le sirop d'érable par du miel.

LÉGUMES D'HIVER CONFITS AU FOUR ET CHOU KALE

Pour 6 personnes
10 min de préparation
35 à 40 min de cuisson

MATÉRIEL
Brosse

INGRÉDIENTS : 6 navets • 2 céleris en branche • 6 topinambours • 6 carottes • 2 cuil. à soupe de gingembre frais râpé • 2 cuil. à soupe de zeste d'orange émincé • 2 cuil. à soupe de thym frais haché • 2 cuil. à soupe de miel • 60 cl de jus d'orange frais • 2 feuilles de chou kale ciselées • 1 filet d'huile d'olive • Sel, poivre

1. Préchauffez le four à 180 °C (th. 6). Épluchez les navets et les céleris et coupez-les en morceaux. Brossez les topinambours. Coupez les fanes des carottes en laissant 2 cm de vert, épluchez-les et tranchez-les en tronçons.

2. Déposez les légumes sur une plaque de four. Saupoudrez les légumes de gingembre frais râpé, de zeste d'orange émincé et de thym. Ajoutez le miel et 1 filet d'huile d'olive. Salez, poivrez et enfournez pour 10 min. Au cours de la cuisson, arrosez régulièrement de jus d'orange frais.

3. Au moment de servir, parsemez de chou kale ciselé.

VARIANTE

Ajoutez 1 cuil. à café de cumin en poudre.

BROCOLIS, CITRON CONFIT, OLIVES ET BOULGOUR

Pour 6 personnes
10 min de préparation
35 min de cuisson

INGRÉDIENTS : 2 têtes de brocoli • 1 petit citron confit • 2 verres de boulgour complet • 300 g d'olives cassées au piment, au citron ou nature • 3 cuil. à soupe de persil plat frais haché • Huile d'olive • Sel, poivre

1. Préchauffez le four à 180 °C (th. 6). Détachez les bouquets des brocolis et coupez-les en deux. Portez une casserole d'eau à ébullition et faites-y blanchir les brocolis pendant 5 min. Rafraîchissez-les sous l'eau froide et disposez-les sur une plaque de four.

2. Coupez le citron confit en lanières et ajoutez-les aux brocolis. Versez 1 filet d'huile d'olive, salez et poivrez. Couvrez d'une feuille de papier d'aluminium et enfournez pour 20 min.

3. Faites cuire le boulgour en suivant les indications sur le paquet. Sortez la plaque du four, ajoutez le boulgour et les olives. Mélangez bien puis poursuivez la cuisson pendant 10 min, à découvert. Salez, poivrez, parsemez de persil plat et dégustez.

VARIANTE

Ajoutez du fromage frais avant de servir.

COURGES À LA CRÈME DE COCO

Pour 4 personnes
10 min de préparation
42 à 48 min de cuisson

INGRÉDIENTS : 4 petits pâtissons • 1 potimarron • 1 petite courge butternut • ½ courge musquée • 20 cl de crème de coco • 1 cuil. à café de noix muscade moulue • 60 g de noisettes concassées • 3 cuil. à soupe de persil plat frais haché • Huile d'olive • Sel, poivre

1. Préchauffez le four à 180 °C (th. 6). Lavez les courges et coupez-les de façons différentes. Déposez-les sur une plaque de four. Arrosez de 1 filet d'huile d'olive et enfournez pour 20 min.

2. Dans un bol, mélangez la crème de coco et la noix muscade moulue. Salez et poivrez. Mélangez, puis versez cette préparation sur les courges. Poursuivez la cuisson pendant 20 à 25 min en remuant régulièrement. Vérifiez la cuisson : la chair des courges doit être tendre.

3. Faites griller les noisettes concassées à sec dans une poêle pendant 2 à 3 min. Parsemez les courges de persil plat et de noisettes grillées. Dégustez bien chaud.

VARIANTES

Remplacez la noix muscade moulue par du curry en poudre ou du curcuma.

CAROTTES ET PATATES DOUCES À L'ORIENTALE

Pour 4 personnes
30 min de préparation
30 min de cuisson

INGRÉDIENTS : 2 belles patates douces (environ 500 g) • 2 oignons • 1 gousse d'ail • 4 carottes • 1 orange • ½ citron • 2 cuil. à soupe d'huile d'olive • ½ cuil. à café de curry • 1 cuil. à café de cumin en poudre • ½ cuil. à café de cannelle • 70 g de raisins secs • 1 cuil. à soupe de miel • 8 brins de coriandre • Sel, poivre

1. Épluchez les patates douces et coupez-les en cubes. Faites-les cuire pendant 10 min dans une casserole d'eau bouillante salée. Égouttez et réservez.

2. Épluchez et émincez les oignons. Pelez et hachez la gousse d'ail, après avoir enlevé le germe. Épluchez les carottes et coupez-les en deux dans le sens de la longueur, puis en demi-rondelles. Pressez l'orange et le demi-citron, réservez les jus.

3. Faites chauffer l'huile d'olive dans le wok et faites revenir les oignons pendant 2 min à feu vif, sans cesser de remuer. Saupoudrez de curry, de cumin et de cannelle. Ajoutez l'ail, les carottes et les raisins secs. Salez et poivrez. Mélangez, puis prolongez la cuisson de 2 min.

4. Arrosez le tout avec les jus d'orange et de citron, et avec le miel. Réduisez le feu, couvrez et laissez mijoter pendant 10 min.

5. Ajoutez les patates douces, rectifiez l'assaisonnement et mélangez délicatement le tout. Prolongez la cuisson de 5 min. Au moment de servir, parsemez le plat de feuilles de coriandre ciselées.

VARIANTE

Remplacez les patates douces par du potimarron ou de la courge butternut.

CURRY DE CHOU-FLEUR

Pour 4 personnes
25 min de préparation
30 min de cuisson

MATÉRIEL
Râpe

INGRÉDIENTS : 4 tomates • 1 petit chou-fleur (environ 600 g) • 4 échalotes • 1 gousse d'ail • 2 cm de gingembre frais • 2 cuil. à soupe d'huile d'arachide ou de tournesol • 1 cuil. à café de graines de moutarde • 1 cuil. à soupe de curry • 1 cuil. à café de curcuma • 25 cl d'eau • 1/2 citron • 150 g de fromage blanc • 1 cuil. à soupe de ciboulette ciselée • 1 cuil. à soupe de coriandre ciselée • 1 cuil. à café de moutarde à l'ancienne • 1 cuil. à soupe d'huile de noix • Sel, poivre

1. Pelez les tomates, épépinez-les et coupez-les en dés. Lavez le chou-fleur et séparez-le en petits bouquets.

2. Épluchez et émincez finement les échalotes. Pelez et hachez la gousse d'ail, après avoir enlevé le germe. Épluchez et râpez le gingembre.

3. Faites chauffer l'huile d'arachide dans le wok et faites revenir les échalotes, le gingembre et l'ail pendant 1 min. Ajoutez les graines de moutarde et saupoudrez de curry et de curcuma. Après 1 min, ajoutez les bouquets de chou-fleur et faites sauter pendant 3 min à feu vif sans cesser de remuer.

4. Ajoutez les dés de tomates, versez l'eau, salez et poivrez. Portez à ébullition, puis baissez le feu et laissez mijoter pendant 20 min, en mélangeant de temps en temps. En fin de cuisson, le chou-fleur doit être tendre et quasiment la totalité de l'eau doit s'être évaporée.

5. Pressez le demi-citron et réservez le jus. Dans un bol, mélangez le fromage blanc avec la ciboulette et la coriandre ciselées. Ajoutez le jus de citron, la moutarde à l'ancienne et l'huile de noix. Salez et poivrez. En dehors du feu, versez cette préparation sur le chou-fleur. Mélangez et servez immédiatement.

CAROTTES RÂPÉES ORANGE ET NOISETTES

Pour 2 personnes
10 min de préparation

MATÉRIEL
Râpe
Presse-agrumes

INGRÉDIENTS : 6 carottes • 1 orange à jus • 1 cuil. à café de jus de citron • 1 cuil. à café de miel • 2 cuil. à soupe de coriandre ciselée • 2 cuil. à soupe de noisettes concassées • Sel, poivre (facultatif)

1. Épluchez les carottes et râpez-les.

2. Pressez l'orange pour en extraire le jus.

3. Préparez la vinaigrette à l'orange. Émulsionnez dans un bol le jus d'orange, le jus de citron et le miel.

4. Versez la vinaigrette à l'orange sur les carottes râpées.

5. Parsemez de coriandre et de noisettes et dégustez. Salez et poivrez si nécessaire.

VARIANTE

Ajoutez 1 cuil. à café de sauce soja dans la vinaigrette et ne salez pas !

INFO NUTRITION

Si vous avez les intestins sensibles, utilisez une râpe fine et laissez macérer les carottes râpées pendant une heure ou deux dans la sauce, en augmentant la part du jus de citron. Préférez également les jeunes carottes (primeur) : leurs fibres sont plus tendres.

PURÉE DE CÉLERI-RAVE, POMMES ET NOIX

Pour 6 personnes
20 min de préparation
30 min de cuisson

MATÉRIEL
Presse-purée
Cuit-vapeur

INGRÉDIENTS : 800 g de céleri-rave • 1 citron jaune • 2 belles pommes douces • 12 cerneaux de noix • 125 ml de lait demi-écrémé • 2 pincées de noix muscade moulue • 2 cuil. à soupe de persil frais haché • 50 g de beurre • Sel, poivre

1. Pelez le céleri-rave, coupez-le en cubes et plongez ces cubes dans de l'eau additionnée du jus de citron. Égouttez-les et faites-les cuire à la vapeur pendant au moins 20 min, jusqu'à ce qu'ils soient bien tendres.

2. Pelez les pommes, ôtez les trognons et les pépins, puis coupez la chair en dés. Faites sauter les dés à la poêle avec le beurre, sans les écraser, jusqu'à ce qu'ils soient fondants. Poivrez, puis concassez les cerneaux de noix.

3. Pressez le céleri à l'aide d'un presse-purée, puis faites chauffer la purée dans une casserole à feu doux. Incorporez les noix, le lait, 1 pincée de sel, la noix muscade et les dés de pomme. Versez la purée de céleri dans un joli plat chaud et parsemez de persil haché.

INFO NUTRITION

Le céleri-rave est un légume à la saveur délicate de noisette. Il se consomme cru ou cuit et renferme plusieurs vitamines et minéraux, en particulier de la vitamine K.

FENOUILS BRAISÉS, CITRON ET BURRATA

Pour 2 personnes
10 min de préparation
25 min de cuisson

MATÉRIEL
Cuit-vapeur

INGRÉDIENTS : 4 fenouils • 1 cuil. à soupe d'huile d'olive • Jus de 1 citron • 1 cuil. à café de miel • 200 g de burrata • Sel, poivre

1. Coupez le tronc des fenouils et le haut des branches. Ciselez finement le plumet vert et réservez-le.

2. Faites cuire le fenouil au cuiseur vapeur 15 à 20 min selon la grosseur. Il doit être tendre.

3. Versez l'huile d'olive dans une poêle et faites dorer les fenouils. Ajoutez le citron et le miel et laissez encore cuire 3 à 4 min.

4. Déposez le fenouil dans deux assiettes. Coupez la burrata en tranches et placez-la sur les fenouils.

5. Salez, poivrez et ajoutez le vert des branches. Dégustez immédiatement.

VARIANTES

Remplacez l'huile d'olive par de l'huile de ghee très digeste. Remplacez le jus de citron par du jus d'orange. Salez éventuellement avec de la fleur de sel.

INFO NUTRITION

La burrata est un fromage italien fait à partir de mozzarella. Choisissez-la au lait de bufflonne car ce lait est généralement mieux toléré que les autres laits animaux. Si vous avez du mal à digérer le fromage, préférez la mozzarella classique (au lait de bufflonne) pour cette recette car moins grasse, ou réduisez simplement la quantité de burrata (un quart de boule au lieu de une demi-boule).

TARTELETTES TATIN DE LÉGUMES RACINES

Pour 6 personnes
35 min de préparation
40 min de cuisson

MATÉRIEL
Mandoline

INGRÉDIENTS : 200 g de farine de petit épeautre • 6 cuil. à soupe d'huile d'olive • 6 cuil. à soupe d'eau • 1 cuil. à café de sel **Pour la garniture :** 400 g de légumes racines (carottes, panais, patates douces, navets...) • 1 oignon rouge • 1 cuil. à soupe de sucre rapadura • 15 cl de préparation culinaire à base de soja • 1 cuil. à café de paprika • 1 cuil. à café de curcuma • Huile d'olive • Sel

1. Dans un saladier, mélangez tous les ingrédients de la pâte jusqu'à obtenir une boule de pâte (ajustez en ajoutant de l'eau ou de la farine si nécessaire). Abaissez la pâte, découpez 4 cercles un peu plus grands que vos moules à tartelettes et réservez.

2. Préchauffez le four à 180 °C (th. 6). Épluchez les légumes racines et l'oignon rouge et coupez-les en tranches d'environ 5 mm de large. Disposez-les sur une plaque recouverte de papier sulfurisé, arrosez d'un filet d'huile d'olive, salez légèrement et enfournez pour 20 min.

3. Saupoudrez les moules à tartelettes de sucre rapadura, disposez par-dessus les tranches de légumes cuits et recouvrez de la pâte en enfonçant bien les bords. Enfournez pour 15 min, la pâte doit être dorée. Sortez les tartelettes du four et retournez-les sur des assiettes.

4. Dans une casserole, faites chauffer la préparation culinaire à base de soja et les épices. Placez la préparation obtenue dans un petit bol afin que chacun puisse en arroser sa tartelette.

HOUMOUS À L'AVOCAT ET AUX GRAINES

Pour 1 petit bol
10 min de préparation
1 h de cuisson
12 h de trempage

MATÉRIEL
Mixeur

INGRÉDIENTS : 300 g de pois chiches secs • 2 cuil. à soupe de graines de chanvre entières • 2 cuil. à soupe de graines de courge • 1 avocat • 2 cuil. à soupe de purée de sésame (tahin) • ½ citron vert • 1 petit bouquet de coriandre fraîche • 4 cuil. à soupe d'huile d'olive • Sel, poivre

1. La veille, mettez les pois chiches à tremper dans un grand volume d'eau froide, couvrez et laissez reposer toute la nuit.

2. Le lendemain, égouttez les pois chiches et placez-les dans une grande casserole d'eau froide. Portez à ébullition et laissez-cuire pendant 1 h. Égouttez.

3. Dans une poêle, faites griller les graines de chanvre et de courge. Mixez ensuite les pois chiches, l'avocat épluché et coupé en morceaux, la purée de sésame, l'huile d'olive, le jus de citron et les graines grillées (réservez-en un peu pour décorer). Ajoutez de l'huile ou du citron selon votre goût, jusqu'à l'obtention de la texture souhaitée. L'houmous ne doit être ni trop liquide ni trop compact. Salez et poivrez.

4. Avant de servir, arrosez d'un filet d'huile d'olive et parsemez de coriandre fraîche ciselée et de quelques graines de chanvre et de courge grillées.

CONSEIL

Les plus pressés pourront utiliser des pois chiches en conserve. Dans ce cas, il suffit de les égoutter et les rincer avant de les mixer.

VELOUTÉ DE POTIMARRON ET PAIN PERDU SALÉ

Pour 2 personnes
20 min de préparation
20 min de cuisson

MATÉRIEL
Mixeur

INGRÉDIENTS : 2 potimarrons • 1 échalote • 1 boîte de lait de coco • 1 cuil. à café de noix muscade • 2 cuil. à soupe de coriandre ciselée • 1 œuf • 12 cl de lait • 3 cuil. à soupe de parmesan • 1 morceau de baguette datant de 1 jour • Huile d'olive • Sel, poivre

1. Lavez les potimarrons. Coupez le chapeau des potimarrons, prélevez la chair. Épluchez l'échalote et hachez-la.

2. Faites fondre l'échalote dans un faitout avec un peu d'huile d'olive, ajoutez la chair de potimarron, mélangez puis versez le lait de coco. Ajoutez 200 ml d'eau et ajoutez-la dans le faitout. Épicez avec la noix muscade, salez et poivrez. Laissez cuire à petit bouillon pendant 15 à 20 min.

3. Mixez et remplissez les potimarrons de velouté. Saupoudrez de coriandre.

4. Cassez l'œuf dans une assiette creuse, versez le lait. Mélangez puis ajoutez 2 cuil. à soupe de parmesan et poivrez.

5. Tranchez la baguette en deux. Trempez-la dans le mélange précédent. Faites chauffer une poêle avec de l'huile d'olive et faites dorer la baguette des 2 côtés. Saupoudrez du reste de parmesan et dégustez avec le velouté de potimarron.

SOUPE DE CERFEUIL TUBÉREUX

Pour 4 personnes
20 min de préparation
30 min de cuisson

MATÉRIEL
Mixeur ou blender

INGRÉDIENTS : 1 kg de cerfeuils tubéreux • 2 pommes de terre • 1 oignon • 80 cl d'eau + 1 cube de bouillon de volaille bio • 10 cl de crème liquide • Sel et poivre du moulin • 3 tranches de pain sans la croûte • 2 cuil. à soupe d'huile d'olive

1. Épluchez l'oignon et émincez-le. Pelez les pommes de terre, coupez-les en cubes. Grattez les cerfeuils tubéreux et coupez-les en gros morceaux.

2. Dans une cocotte, faites revenir sans coloration l'oignon avec l'huile d'olive et une pincée de sel. Une fois qu'il est translucide, ajoutez les pommes de terre et les cerfeuils, continuez la cuisson pendant 5 min en remuant régulièrement. Faites bouillir l'eau avec le cube de bouillon de volaille. Versez le bouillon sur les légumes et assaisonnez. Couvrez et portez à ébullition puis baissez à feu doux, laissez cuire pendant 25 min jusqu'à ce que les légumes soient tendres.

3. Coupez les tranches de pain en dés et faites-les dorer dans un poêle chaude avec 1 cuil. à soupe d'huile d'olive. Débarrassez sur une feuille de papier absorbant.

4. Égouttez les légumes avec une écumoire, conservez le bouillon de cuisson. Mixez-les avec la crème dans un blender (ou avec un mixeur plongeant) et ajoutez petit à petit le bouillon jusqu'à l'obtention d'une consistance onctueuse. Versez la soupe dans des assiettes creuses, parsemez de croûtons de pain. Dégustez chaud.

SOUPE AUX POIS CASSÉS

Pour 4 personnes
20 min de préparation
1 h 10 de cuisson

INGRÉDIENTS : 200 g de pois cassés (secs) • ½ oignon • 1 gousse d'ail • ½ carotte • ½ poireau • ½ tige de céleri • ¾ de cuil. à café de sarriette séchée • 1 feuille de laurier • 700 ml de bouillon de volaille • 350 ml d'eau • 2 cuil. à soupe d'huile d'olive • Poivre

1. Rincez les pois cassés à l'eau froide et égouttez-les. Préparez les légumes : pelez le demi-oignon, la gousse d'ail et la demi-carotte. Émincez-les finement. Faites de même avec le demi-poireau et la demi-tige de céleri.

2. Faites chauffer l'huile d'olive dans une casserole ou dans une marmite et faites-y revenir l'oignon et le poireau de 4 à 5 min, en remuant régulièrement. Ajoutez ensuite la carotte, l'ail, le céleri, la sarriette et le laurier. Laissez cuire pendant 5 min en brassant de temps en temps.

3. Ajoutez les pois, le bouillon de volaille et l'eau. Poivrez. Portez à ébullition, puis réduisez le feu et laissez mijoter jusqu'à ce que les pois soient tendres (1 h environ).

4. Ajoutez de l'eau si la soupe est trop épaisse ; si la soupe est trop liquide, laissez mijoter plus longtemps pour que le surplus d'eau s'évapore. Dégustez !

INFO NUTRITION

La soupe se conserve environ 4 mois au congélateur, une bonne astuce pour les soirées où on n'a pas le temps de cuisiner.

VELOUTÉ DE MÂCHE, RAIFORT ET CURRY

Pour 4 personnes
15 min de préparation
18 min de cuisson

MATÉRIEL
Mixeur ou blender

INGRÉDIENTS : 200 g de mâche • 1 petite pomme de terre • 1 échalote • 30 g de beurre • 2 cubes de bouillon de volaille bio • 1,5 l d'eau • 2 cuil. à soupe de raifort • 1 cuil. à café de curry • 15 cl de crème liquide • Sel et poivre du moulin

1. Lavez et essorez la mâche. Épluchez et coupez en petits dés la pomme de terre. Pelez et hachez l'échalote. Dans une grande casserole, faites mousser le beurre et ajoutez l'échalote. Une fois translucide, ajoutez les feuilles de mâche, poursuivez la cuisson pendant 3 à 4 min en remuant régulièrement. Ajoutez les dés de pomme de terre et les cubes de bouillon, versez l'eau et portez à ébullition. Baissez le feu et faites mijoter pendant 15 min.

2. Égouttez grossièrement les légumes en gardant le jus de cuisson. Placez les légumes dans un blender, ajoutez le raifort, la crème liquide et le curry puis mixez en versant petit à petit le bouillon de cuisson jusqu'à obtenir une consistance désirée. Versez dans des bols et dégustez chaud.

SUPRÊME DE CHOU ROUGE ET ORANGE

Pour 4 personnes
20 min de préparation
5 min de cuisson

INGRÉDIENTS : 1 chou rouge entier • 2 oranges • 2 poignées de noix de cajou non salées • 1 poignée de canneberges **Pour la sauce vinaigrette au miel :** 1 cuil. à café de moutarde • 1 cuil. à soupe de vinaigre au choix (balsamique, de vin, de cidre) • 3 cuil. à soupe d'huile au choix (olive, colza, noix, noisette) • 2 cuil. à café de miel • Sel, poivre, moulin 5 baies.

1. Lavez le chou, retirez le pied et les premières feuilles. Hachez le chou en fines lamelles.

2. Épluchez les oranges et découpez-les en quartiers.

3. Faites dorer les noix de cajou pendant quelques minutes à la poêle.

4. Placez le chou dans une petite assiette ou un bol. Ajoutez les quartiers d'oranges, parsemez de noix de cajou et de canneberges.

5. Préparez la vinaigrette au miel en mélangeant tous les ingrédients dans un bol. Dégustez.

INFO NUTRITION

Le chou rouge est peu calorique, riche en fibres et en antioxydants. Les oranges ont un indice ORAC de 2 103 et le chou rouge de 3 145. Il est préférable de consommer le chou rouge cru pour bénéficier de ses qualités nutritionnelles mais si vous êtes sensible au niveau digestif, vous pouvez le faire cuire pour faciliter sa digestion.

VELOUTÉ DE TOPINAMBOURS ET LENTILLES

Pour 4 personnes
30 min de préparation
20 min de cuisson
1 nuit de trempage

MATÉRIEL
Mixeur

INGRÉDIENTS : 600 g de topinambours • 100 g de lentilles vertes du Puy • 75 cl de lait • 1 étoile de badiane • 1 écorce de cannelle • 1 gousse de vanille • 1 cuil. à café de gingembre • 1 cuil. à café de cardamone • 1 cuil. à café de curcuma • 1 pomme de terre • 1 l de bouillon de légumes • 100 g de mélange de céréales (blé, orge, épeautre, riz) • 1 poignée de cacahuètes salées écrasées

1. Faites tremper les lentilles la veille.

2. Le jour même, dans une casserole, mettez le lait avec les épices (étoile de badiane, cannelle, vanille, gingembre, cardamone, curcuma), couvrez et portez à ébullition. Retirez du feu aussitôt. Laissez infuser.

3. Epluchez les topinambours et découpez-les en petits morceaux. Épluchez et lavez la pomme de terre et découpez-la en petits morceaux.

4. Mettez 500 g de topinambours dans une casserole avec le bouillon de légumes et la pomme de terre. Salez, poivrez et laissez cuire pendant 15 min en remuant régulièrement.

5. Dans une autre casserole, faites cuire les lentilles et les céréales avec les 100 g restants de topinambours.

6. Retirez le bâton de cannelle et l'étoile de badiane. Mixez le mélange de lait et épices avec le mélange de topinambours et pommes de terre.

7. Servez le velouté dans une assiette à soupe et parsemez de cacahuètes écrasées. Accompagnez d'un bol de mélange de céréales et lentilles.

8. Dégustez.

INFO NUTRITION

Les lentilles font partie des légumineuses dans le groupe des féculents. Elles contiennent également des antioxydants, leur indice ORAC est de 7 282.

CARRÉMENT CUISINE
DÉJEUNER AU BOULOT

CARRÉMENT CUISINE
COCKTAILS & PUNCH BOWLS

CARRÉMENT CUISINE
BOISSONS DÉTOX

CARRÉMENT CUISINE
CUISINE DU TERROIR

CARRÉMENT CUISINE
GÂTEAUX WAOUH !

CARRÉMENT CUISINE
VEGAN

CARRÉMENT CUISINE
IG BAS

CARRÉMENT CUISINE
CUISINE INDIENNE

CARRÉMENT CUISINE
TARTES SOLEIL
& APÉROS À PARTAGER

CARRÉMENT CUISINE
TOUT LÉGUME

CARRÉMENT CUISINE
APÉRO

CARRÉMENT CUISINE
THAÏ

LA COLLECTION
CARRÉMENT CUISINE

APRÈS LE BOULOT
ASIE
BARBECUE ET PLANCHA
BÉBÉS DE 4 À 36 MOIS
CÉRÉALES ET LÉGUMINEUSES
CUISINE DU SPORTIF
ÉTATS-UNIS
ÉTUDIANTS
EXOTIQUE
EXPRESS EN MOINS DE 15 MINUTES
GÂTEAUX
GÂTEAUX MAGIQUES
GLACES ET DESSERTS GLACÉS
GRANDS CLASSIQUES DE LA CUISINE FRANÇAISE
GRANDES TABLÉES
CUISINE INRATABLE
JUS, SMOOTHIES ET MOCKTAILS
LIGHT
MAROC
MÉDITERRANÉENNES
NOËL
PÂTES
PIZZAS, QUICHES & CAKES
PLAT COMPLET AU FOUR
PLATS TOUT-EN-UN
POUR CE SOIR
SALADES
SANS GLUTEN
SOUPES
VEGAN
VEGGIE
VERRINES
VITAMINES
WOK
ET LA COMPIL' DES 1 000 RECETTES

Crédits des recettes :
Stéphanie de Turckheim : pp. 16, 18, 26, 28, 32, 34, 42, 58, 66, 68, 72, 78, 80, 86, 88, 90, 92, 94, 96, 98, 100, 102, 118, 120, 122, 124, 128, 130, 142, 144, 146, 148, 152, 162, 166, 172, 174, 176, 184, 186, 188, 190, 192, 194, 200, 204, 210, ; Mélanie Martin : pp. 20, 22,30, 36, 38, 40, 74, 76, 82, 84, 126, 132, 134, 136, 138, 140, 164, 178, 180, 182, 212, 216, ; Alexandra Retion : pp. 24,56, 60, 62, 112, 114, 156, 158, 170, 218, 220 ; Audrey Le Goff : pp. 44, 46,54 , 104, 150, 196, 198, ; Clémence Roquefort : pp. 48, 52, 70, 106, 154, 206, 208, ; Camille Petit : pp. 50, 108, 110, 202, 214.

Crédits des photographies :
©Bernard Radvaner : pp. 17, 19, 27, 29, 33, 35, 43, 45, 47, 55, 59, 67, 69, 73, 79, 81, 105, 121, 123, 125, 129, 131, 151, 160, 163, 173, 177, 197, 199, 211 ; ©Emanuela Cino : pp. 21, 23, 31, 37, 39, 41, 75, 77, 83, 85, 127, 133, 135, 137, 139, 141, 165, 179, 181, 183, 213, 217 ;©Aline Princet : couverture, pp. 25, 51, 57, 61, 63, 109, 111, 113, 115, 157, 159, 161, 171, 203, 215, 219, 221 ; ©Stéphane Bahic : pp. 49, 155, 207 ; ©Aimery Chemin : pp. 53, 71, 107, 209 ; ©Frédéric Lucano : pp. 87, 89, 91, 93, 95, 97, 99, 101, 103, 143, 145, 147, 149, 185, 187, 189, 191, 193, 195 ; ©Maud Argaïbi : pp. 119, 153, 167, 175, 201, 205.

Direction : Catherine Saunier-Talec

Responsable éditoriale : Céline Le Lamer

Responsable artistique : Nicolas Beaujouan

Responsable du projet : Elise Ernest

Fabrication : Amélie Latsch

Partenariats : Sophie Morier (smorier@hachette-livre.fr)

Dépôt légal : janvier 2019

75-7044-7/02

ISBN : 978-2-01-708435-8

Achevé d'imprimer en Espagne par Macrolibros en Mai 2019